www.ingramcontent.com/pod-product-compliance
Lightning Source LLC
LaVergne TN
LVHW051124051026
849532LV00004BB/1662
9789358729689

نقد و نظر

(تحقیقی و تنقیدی مضامین)

مرتبہ:

اعجاز عبید

Naqd-o-Nazr *(Essays)*

by: Aijaz Ubaid

Edition: May '2024

Publisher :

Taemeer Publications LLC (Michigan, USA / Hyderabad, India)

ISBN 978-93-5872-968-9

کتاب	:	**نقد و نظر** (مضامین)
مرتب	:	**اعجاز عبید**
صنف	:	تحقیق و تنقید
ناشر	:	تعمیر پبلی کیشنز (حیدرآباد، انڈیا)
سالِ اشاعت	:	۲۰۲۴ء
صفحات	:	۹۶
سرورق ڈیزائن	:	تعمیر ویب ڈیزائن

فہرست

قضیہ نظریوں کا اور قصہ کہانی پن کی واپسی کا

ارجمند آرا

ترقی پسند تحریک کی موت کا اعلان تو گزرے زمانے کی بات ہو گئی لیکن طویل مدت گزرنے کے بعد بھی یہ اعلان کرنے والوں کے ذہنوں سے اس کا آسیب کسی طرح اترتا نہیں، اور اس کوشش میں وہ خود ہی نابود ہوتے جا رہے ہیں۔ اس بات سے کسے انکار ہو گا کہ تحریکیں خواہ عوامی ہوں یا ادبی، یا تو اپنا مقصد پورا ہونے کے سبب باقی نہیں رہتیں یا پھر حالات کے جبر سے ختم ہو جاتی ہیں۔ جن حالات نے انھیں جنم دیا وہ تاریخ کا حصہ ضرور بن جاتے ہیں لیکن جن نظریوں پر وہ استوار ہوتی ہیں وہ فنا نہیں ہوتے۔ نظریہ اس وقت تک باقی رہتا ہے جب تک کہ کوئی نیا نظریہ اس کو باطل نہ ٹھہرا دے، یا اس میں بنیادی ترمیم یا کوئی ایسا اضافہ کر دے کہ اوریجنل نظریئے کی اہمیت محض تعارف کی سی رہ جائے۔ ترقی پسند تحریک بے شک تحریک کے طور پر زندہ نہیں رہی کیونکہ وہ جن حالات کی پروردہ تھی وہ حالات ویسے نہیں رہے، لیکن ترقی پسندی کا نظریہ جن اصولوں پر استوار ہے وہ اصول آج بھی وہی بنیادی اہمیت رکھتے ہیں جو اس وقت رکھتے ہوں گے جب ادب کو پہلی بار سماج سے وابستہ کر کے دیکھا گیا ہو گا۔ جو لوگ ترقی پسند نظریئے کے استرداد کا دعوا کرتے ہیں کیا وہ سچ مچ اس کو رد کر سکے؟ ان میں سے کسی نے منطقی استدلال نہیں کیا ہے، البتہ مخالفت برائے اثباتِ خود، اور مخالفت برائے مخالفت ان کی ہر سطر اور

ہر لفظ ٹپکتی ہے۔ ترقی پسند قدروں کو رد کیا بھی نہیں جا سکتا — کم از کم اس وقت تک تو ہرگز نہیں جب تک ادب کا قاری اسے زندگی کو سمجھنے کا ایک ذریعہ سمجھتا رہے گا اور انسانی کردار و عمل کی کسوٹی کے روپ میں دیکھتا رہے گا۔

ادب برائے ادب اور ادب برائے زندگی کا قضیہ بہت پرانا ہے اور اس کی جڑیں مشرقی یا عربی نظریۂ نقد اور یونانی فلسفے سے جا کر ملتی ہیں۔ عربوں کے نزدیک لفظ کی اہمیت مرکزی تھی اور شاعری میں زبان و بیان اور محاورۂ عرب کو بنیادی حیثیت حاصل تھی اور انہیں اس سے کوئی غرض نہ ہوتی تھی کہ کس طرح کا خیال شعر میں باندھا گیا ہے، وہ پست ہے یا بلند۔ اس کے برخلاف افلاطون نے شاعروں کو محض اس لیئے ناقابلِ اعتبار سمجھا کہ اس کے نزدیک شاعر حقیقت سے دور ہوتا ہے، وہ مجنوں کی مانند ہے اور اسے خود پتا نہیں ہوتا کہ اپنی شاعری میں اس نے کیا کہا ہے، چنانچہ مثالی ریاست کی تعمیر میں شاعروں سے کوئی مدد نہیں لی جا سکتی۔ یعنی افلاطون نے بالواسطہ یہ تسلیم کیا کہ اگر شاعری کا کوئی افادی پہلو نہیں تو وہ بے توقیر ہے۔ افلاطون کے شاگرد ارسطو نے حالانکہ ا س کے کئی نظریات کو رد کیا لیکن شاعری کے افادی پہلو کو مستحکم کیا ہے۔ افلاطونی نقطۂ نظر سے ادب کسی مقررہ حقیقت کی نقل کرتا ہے۔ ارسطو نے شاعری کو نقل کی جگہ انسان کے اعمال کی نمائندہ یا ترجمان تسلیم کیا ہے۔ دوسرے لفظوں میں اس کو زندگی کا ترجمان بھی کہا جا سکتا ہے۔ ایم۔ ایچ۔ ابرامس (MH Abrams) نے اپنی معروف کتاب The Mirror and the Lamp میں لکھا ہے کہ ادب کا افلاطونی نظریہ جس کی رو سے انسانی ذہن ایک طرح کا آئینہ ہے جو خارجی حقائق کو منعکس کرتا ہے، مغربی نظریاتِ شعر پر آئندہ ڈھائی ہزار برس تک حاوی رہا ہے (بحوالہ 'شعریات'، تعارف از شمس الرحمٰن فاروقی، ص ۵۱)۔ ارسطو کے نزدیک شاعری آفاقی ہوتی ہے کیونکہ یہ

نمائندگی کرتی ہے ماضی کی اشیا حالات کی، موجودہ حالات اشیا کی جیسی کہ وہ ہیں یا سمجھی جاتی ہے، اور ان حالات اشیا کی جیسی وہ ہونی چاہئیں۔ ماضی، حال اور مستقبل پر یکساں گرفت رکھنے کے سبب وہ شاعری کو تاریخ اور دوسرے علوم سے بلند تر سمجھتا ہے۔

زندگی کی ترجمانی یا نمائندگی کا یہ نظریہ جو ابتدا سے آج تک نظریات ادب پر حاوی رہا، جدیدیوں کی نظر میں محض اس وجہ سے قابلِ مذمت ٹھہرا کہ اس کو شد و مد سے تسلیم کرنے والوں میں کمیونسٹ اور اشتراکی لوگ بھی شامل تھے۔ لیکن دل چسپ پہلو یہ ہے کہ اشتراکیوں اور ترقی پسندوں پر تو اعتراضات کے طومار باندھے جاتے ہیں لیکن اس نظریئے کے منابع کی طرف شاذ ہی نظر ڈالی جاتی ہے۔ ترقی پسندوں نے ادب کو زندگی کا ترجمان ضرور مانا ہے لیکن ادب کی ادبیت، یعنی ادبی معیاروں پر مفاہمت کی بات نہیں کہی ہے، ایسا الزام لگانے والے بہتان تراشی کے سوا کچھ نہیں کرتے۔ سجاد ظہیر نے 'روشنائی' میں واضح الفاظ میں اس بات کو تسلیم کیا ہے اور احتشام حسین اور اختر حسین رائے پوری جیسے دانشوروں نے بھی لکھا ہے کہ اپنی ادبی روایت کو نظر انداز کر کے ہم کوئی اچھا ادب تخلیق نہیں کر سکتے۔

اس کے باوجود بہتان تراشیوں کا سلسلہ رکا نہیں۔ اردو میں اس کی مخالفت کرنے والوں نے خود کو جدیدیت کا علمبردار کہا۔ حالانکہ یوروپ میں جب ماڈرنزم آیا تو اس کو Enlightenment project یا روشن خیالی کے موقف کی توسیع سے تعبیر کیا گیا تھا، اور اشتراکیت اسی روشن خیالی کے بطن سے پیدا ہونے والا فلسفہ ہے۔ بہر حال اردو کی جدیدیت کا باوا آدم ہی نرالا تھا جس کے خمیر میں بغض و حسد اور کٹ حجتی کوٹ کوٹ کے بھری تھی۔ ترقی پسندوں کی اس بنا پر مخالفت کرنے والوں نے کہ ادب کو نظریوں اور اصولوں کے تابع نہیں کیا جا سکتا، خود بھی اپنا ایک صحیفہ ترتیب دے ڈالا، قاعدے

قوانین طے کر دیئے اور ڈنڈے مار مار کر ادیبوں کی صف بندی شروع کر دی۔ چنانچہ دوسرے کو نصیحت اور خود کو فضیحت والا یہ دوغلا رویہ کتنا دیرپا ثابت ہوتا؟ ترقی پسندی کی ضد میں جن تحریروں کو معیاری کہہ کر فروغ دیا جا رہا تھا ان میں سے بیشتر ادب کے دائرے میں آتی ہی نہیں تھیں۔ منفی طرزِ فکر کی مٹی سے بنائے گئے اس بت کے مصنوعی رنگوں کو دھو ڈالنے کے لیئے بارش کی چند بوندیں ہی کافی تھیں۔ حالات کے جبر نے وہ بوندیں فراہم کیں، مہمل اور مجرد تجربوں سے معمور 'ادب' سے عاجز آئے قاری نے جب اسے مسترد کرنا شروع کیا تو ایسے ادیب اور شاعر واپس اپنے گوشۂ گمنامی میں چلے گئے۔

قاری نے بھی ان کو رد کیا تو معاشرتی سروکار گویا ایک بار پھر سے مرکز توجہ بن گئے، افسانے کا کہانی پن اور بیانیہ کی واپسی کی باتیں کہی جانے لگیں۔ نقادوں نے اعلان کرنا شروع کر دیا کہ "بیانیہ بحال ہو رہا ہے، کہانی پن کی بھی پوری طرح واپسی ہو رہی ہے؛ آئیڈیالوجیکل سوچ اور سماجیت کو شجرِ ممنوعہ دے دیا گیا تھا لیکن ادھر اردو شعر و ادب سماجی سروکار سے از سرِ نو جڑ رہے ہیں۔" (گوپی چند نارنگ، اردو مابعد جدیدیت پر مکالمہ، اردو اکادمی دہلی، ص ۳۱، ۴۱)۔ قاری نے ایک بار پھر ادیب میں اعتماد ظاہر کرنا شروع کیا اور افسانہ نگاروں کے ایک نئی نسل ایک نئے اعتماد، نئے تجربوں، کہانی کہنے کے نئے انداز کے ساتھ سامنے آنے لگی۔ اس نسل کے افسانے گزشتہ صدی کی چھٹی ساتویں دہائی کے افسانوں سے یکسر مختلف ہیں لیکن اپنے عہد کے تقاضوں میں پیوست ہیں۔ صدیق عالم، سید محمد اشرف، ساجد رشید، طارق چھتاری اور غضنفر کو اپنی کہانی کے اثبات میں کسی 'ازم' کی ضرورت نہیں کیونکہ بنیادی طور پر ان کا سروکار معاشرے اور اس کی بنیادی اکائی یعنی فرد کی انفرادی اور اجتماعی دونوں طرح کے فکر و عمل سے ہے۔ ان کے یہاں تنوع ہے،

تجربہ ہے اور عصریت ہے، اور انھی اسباب سے تازگی اور حیران کرنے والا عنصر بھی ہے۔ افسانہ نگاروں کی بزرگ پیڑھی نے خود کو کس طرح عصری کہانی سے ہم آہنگ کیا ہے اس کی مثالیں اقبال مجید، رتن سنگھ، عابد سہیل، سلام بن رزاق اور ذکیہ مشہدی کی تحریروں سے واضح ہو جاتی ہیں۔ نیر مسعود نے مارکیز کی طرح ایک الگ ہی راہ نکالی ہے اور ان کی جادوئی حقیقت نگاری میں ہم عصری زندگی کے انتشار اور کرب کے نئے نئے رنگ دیکھتے ہیں۔ ان کی روایت کا اتباع خالد جاوید بھی کر رہے ہیں۔

تو جب کہانی ایک نئی توانائی کے ساتھ خود کا اثبات کرنے لگی، مہملیت اور تجرید اس میں سے غائب ہونے لگی تو نقادوں کی ایک نئی جماعت موقع غنیمت جان اٹھ کھڑی ہوئی لیکن جماعت میں شامل لوگوں کی اپنی اپنی ڈفلی تھی اور اپنا اپنا راگ۔ چنانچہ تنازعہ ابھی جاری ہے کہ مابعد جدید تھیوری کا علم کس کے ہاتھ میں رہے۔ بہر حال اس نظریئے کے تحت جن اصولوں کو ادب کی بنیاد بتایا جا رہا ہے وہ اصول ترقی پسند اصولوں سے یا مارکسزم سے کس طرح مختلف ہیں، یہ لوگ ابھی تک واضح نہیں کر پائے ہیں۔ وہ اس بات کا صاف لفظوں میں اقرار کرتے ہیں کہ نئی سوچ اور نئی ادبی تھیوری "ثقافتی حوالے پر خاص طور سے زور دیتی ہے۔" سماجی سروکار رکھنے بات پر خصوصی زور دیا جا رہا ہے۔ اندازہ کیا جا سکتا ہے کہ ان بحثوں نے نو مارکسیت کے بطن سے جنم لیا ہے اور اصولی طور پر ان کو نو مارکسیت یا پھر نئی ترقی پسندی کہنا چاہیئے تھا، لیکن سوویت روس کے ٹوٹنے کے بعد مارکسزم کا نام لینا، لاحول ولا قوۃ، کہاں کی عقل مندی ہوتی؟ بہتر سمجھا گیا کہ اسے مابعد جدید کہا جائے۔ پھر عہدِ حاضر کی یک قطبی دنیا میں ابن الوقتی سب سے بڑا ہتھیار ہے اور ترقی کی چابی ہے۔ ایسے میں بائیں بازو کے کسی بھی نظریئے سے وابستگی خطرناک ہو سکتی ہے۔ ویسے بھی پوسٹ ماڈرنسٹ ہونے سے آپ نظریئے سے مبرا ہو جاتے ہیں، آپ کا

اصل کردار چھپ جاتا ہے اور اس سے شاید امریکہ اور امریکہ نوازوں کا اعتبار حاصل کرنے میں بھی آسانی ہو۔ سہولتیں کسے نہیں چاہییں ؟

ایک اور توجہ طلب بات۔ کسی جینوئن ترقی پسند ادیب نے خود کو کبھی روایت سے الگ نہیں کیا، صرف ان روایتوں سے بغاوت کی جو اپنی اہمیت کھو چکی تھیں، اور بوجھ بن گئی تھیں۔ لیکن یہ بھی سچ ہے کہ وہ لکیر کے فقیر نہیں رہے۔ انھوں نے innovation اور روایت کی توسیع پر یقین کیا اور بہتر راہیں تلاش کرنے کی کوشش کی۔ مجروح سلطان پوری کے سامنے اگر کلاسیکی غزل کی پوری روایت نہ ہوتی تو وہ روایتی تشبیہوں، استعاروں، پیکروں اور علامتوں کو عصری صداقتوں میں کیسے ڈھالتے؟ گل و بلبل، شمع و سحر، ساقی و میکدہ، جام و مینا، رند، محتسب، صیاد، گلستاں، اسیر زنداں، راہی، راستہ، خار، منزل، راہزن جیسے درجنوں استعاروں کو نئی سیاسی معنویت کس طرح دیتے؟ ان کی غزل میں کلاسیکی رچاؤ کے باوجود جو تازگی اور عصریت ہے وہ کہاں سے آتی؟ یہی بات فیض پر بھی صادق آتی ہے۔

چنانچہ آج جو لوگ کہانی کی واپسی کی بات کر رہے ہیں، ان کے لئیے غور کرنے کا مقام ہے کہ کیا کہانی سے کہانی پن سچ مچ غائب ہو گیا تھا؟ حسین الحق نے اپنے ایک انٹرویو میں کہا ہے، کہ کہانی سے بیانیہ کبھی غائب ہی نہیں ہوا تھا۔ ان کا یہ بیان غور طلب ہے اور بحث کے لئیے نئے دروازے کھولتا ہے۔ مندرجہ بالا سطور میں ادب کے مقاصد، نمائندگی، سماجی سروکار کے تصورات اور ترقی پسندی کے حوالے سے چند نکات اٹھائے گئے ہیں، ان سے ادب کی روایت میں مقصدیت کا ایک تسلسل دیکھنے کو ملتا ہے۔ حسین الحق بھی اس تسلسل کو تسلیم کرتے ہیں، کہانی پن کی صورت میں۔ ہم قارئین کو اس بحث میں شرکت کی دعوت دیتے ہیں کیونکہ آج کے ادیب اور قاری کے سامنے کہانی پن کی واپسی کا سوال

بڑی شدت سے آیا ہے، اس سوال پر بحث بہت سے گوشوں پر روشنی ڈالے گی اور ذہنوں سے بہت سے جالوں کو صاف کرے گی۔

***

دستِ برگ

گوپی چند نارنگ

ستیہ پال آنند کی ایک سو نظموں کا یہ مجموعہ بقامت کمتر، بہ قیمت بہتر کے مصداق اس لئے ہے کہ آزادی کے بعد اردو شاعری کے تجزیاتی مطالعے کے جس احساس لا حاصل پر یہ مبنی ہے، اس سے بعض ایسے سنگین سوال ہمارے سامنے آتے ہیں جن سے اردو کا کوئی سنجیدہ بہی خواہ صرف نظر نہیں کر سکتا۔

مثلاً غزل ہماری شاعری کی آبرو، ہماری مرکزی صنف سخن ہی سہی لیکن اردو میں روایتی شاعری کی یلغار کیوں ہے؟ یعنی مشاعروں کی بات تو الگ رہی، ہمارے ادبی رسائل کا زیادہ تر حصہ رسمی و روایتی سطح شاعری کی نذر کیوں ہو جاتا ہے، یا یہ کہ اردو میں نظم کی روایت ہیئتی اعتبار سے اگرچہ راسخ ہے لیکن آزادی کے بعد نظم کی ترویج و ترقی رکی رکی دبی دبی سی کیوں ہے۔ یا قطع نظر گنتی کے چند شعرا کے ہماری نظمیہ شاعری میں وہ معنیاتی اور موضوعاتی تنوع یا ہمہ گیری کیوں نہیں، جو دوسری ترقی یافتہ زبانوں کا طرۂ امتیاز ہے؟

یہ نتائج معروضی طرز پر ہندوستان سے باہر ایک غیر ملکی یونیورسٹی کے تحقیق پروجیکٹ میں اخذ کئے گئے۔ میرا خیال ہے کہ یہ مسائل اس قدر شدید ہیں کہ اگر یہ پروجیکٹ بجائے کسی غیر ملکی یونیورسٹی کے دہلی یونیورسٹی میں یا علی گڑھ مسلم یونیورسٹی میں قائم کیا گیا ہوتا، تب بھی نتائج کم و بیش یہی بر آمد ہوتے اور احساس یہی مرتب ہوتا

کہ تخلیقی صورت حال کی اس سنگینی پر اردو والوں کو ضرور غور کرنا چاہئے اور اس کے تدارک کی ہر ممکن سعی بھی کرنا چاہیے۔

اس پروجیکٹ کے کو آرڈینیٹر پروفیسر ستیہ پال آنند انگریزی اور تقابلی ادب کے پروفیسر ہیں اور پنجاب یونیورسٹی چنڈی گڑھ کے علاوہ واشنگٹن ڈی سی کی ساؤتھ ایسٹرن یونیورسٹی سے بھی ان کا برسوں سے تعلق ہے۔ انگریزی اور ہندی میں ان کے متعدد شعری مجموعے، ناول اور افسانوی مجموعے شائع ہو کر خراجِ تحسین وصول کر چکے ہیں۔

جو شخص آج سے بیس پچیس برس پہلے راجندر سنگھ بیدی، کرشن چندر، ملک راج آنند، خواجہ احمد عباس اور کنہیا لال کپور جیسی جید ہستیوں سے اپنی تخلیق قوت کا لوہا منوا چکا ہو، اردو میں اس کا یہ اقدام لائق صد تحسین ہے۔ حال ہی میں اردو کا ان کا ناول "شہر کا ایک دن" اور افسانوی مجموعہ "اپنی اپنی زنجیر" شائع ہوئے ہیں، اور اب یہ شعری مجموعہ "دست برگ" ایک پروجیکٹ کے تحت منظر عام پر آیا ہے۔

زیر نظر مجموعہ در حقیقت اس وسیع تر احساس محرومی کا زائیدہ بھی ہے کہ غیر ملکی یونیورسٹیوں میں تقابلی ادب کے سلسلے میں جنوبی ایشیا کے ادبیات کی نمائندگی ٹیگور، آر کے نارائن، راجاراؤ وغیرہ تک محدود ہے۔ اور اردو کا کوئی عمل دخل نہیں۔ اس پروجیکٹ میں اس صورتحال سے یہ نتیجہ اخذ کیا گیا کہ اردو غزلیہ شاعری کا ترجمے کی زد میں نہ آسکنا اور اردو شاعری کا بالعموم رومانیت زدہ ہونا اس راہ کی سب سے بڑی رکاوٹ ہے۔

اس سے نمٹنے کی ایک صورت یہی ہو سکتی ہے کہ اردو نظم کی ایک ایسی روایت پر توجہ مرکوز کی جائے، جس میں اپنی ثقافتی پہچان بھی ہو اور معنیاتی اعتبار سے وہ ایسی ہیچ پوچ بھی نہ ہو کہ مغربی قارئین اسے "اورینٹل" کہہ کر حقارتاً رد کر دیں۔ قطع نظر ان مباحث کے تقابلی ادب کے تمام ایشیائی نصابات میں فکشن زیادہ اور شاعری کم جگہ کیوں پاتی ہے،

اور یہ کہ ترجمے میں غزل کو زیر دام لانا تقریباً نا ممکن ہے یہ حقیقت اپنی جگہ اہم ہے کہ اس پروجیکٹ کے کو آرڈینیٹر ڈاکٹر ستیہ پال آنند نے یہ ایک صد نظمیں اس بات کے عملی ثبوت کے طور پر لکھیں کہ مغربی قارئین ان جیسی نظموں کو انگریزی یا دیگر یورپی زبانوں میں پڑھ کر محسوس کریں گے کہ موضوعاتی، معنیاتی اور اسلوبیاتی سطحوں پر یہ کسی طرح بھی مغربی شاعری سے کم درجے کی نہیں ہیں۔

یہ حقیقت بھی اپنی جگہ غور طلب ہے کہ یہ نظمیں آٹھ سال کی مدت پر پھیلی ہوئی ہیں اور مختلف مقامات پر مختلف کیفیتوں میں لکھی گئی ہیں، ان میں معنیاتی قوس قزح ہے، مشرقی اور مغربی شاعری کی روایت کے درمیان جو جمالیاتی پل بنانے کی کوشش ہے، انگریزی سوچ، ہندوستانی مزاج اور اردو اظہار کا جزرومد ہے، ہندی اور ہندوستانی تناظر کی جو پرچھائیں ہے، جو انوکھا اور نیا ذائقہ ہے، وہ اپنی الگ نوعیت رکھتا ہے۔

بعض نظمیں، بالخصوص زین بدھ ازم سیریز کی نظمیں یا "کبیر کی چادر" یا "وش کنیا" یا "نرسنگھ" یا "جزیرہ" "بہی کھاتہ" یا "دلہن" یا "گبرو کی کہانی" بلاشبہ سب کی نگاہوں کا مرکز بنیں گی اور اس میں شاید ہی کسی کا کلام تقابلی ادب کے جو مسائل ان کا محرک رہے ہیں، اگر یہ مجموعہ اردو والوں کی توجہ ان مسائل کے تئیں مبذول کرا سکا تو ہر اعتبار سے یہ اقدام مستحسن قرار پائے گا۔

***

ولی کی شاعری پر فارسی کے اثرات ایک تنقیدی جائزہ

صابر علی سیوانی

ولیؔ دکنی نے جس دور میں آنکھیں کھولیں وہ قطب شاہی اور عادل شاہی زوال کا دور تھا۔ اس کی بنیادیں کمزور پڑ چکی تھیں۔ ولی دکنی اورنگ آباد میں 1668ء میں پیدا ہوئے۔ شاہ وجیہ الدین سے مرید ہوئے۔ حنفی المسلک تھے۔ بیس 20 برس تک علوم وفنون کی تحصیل کی۔ بعد ازاں انہوں نے احمد آباد کا رخ کیا جو اس زمانے میں علوم وفنون کا مرکز تھا۔ علوم کی تحصیل کے بعد ولی اپنے وطن واپس آ گئے اور شعر و شاعری میں منہمک ہو گئے۔ اس دور میں مثنوی کا رواج عام تھا لیکن ولی نے اس سے الگ غزل کا انتخاب کیا اور غزل کی آبرو بن گئے۔ انہوں نے قصیدہ، مثنوی، مستزاد، رباعیات اور ترجیع بند بھی لکھیں۔ چونکہ وہ دور فارسی زبان و ادب سے بے اعتنائی اور اردو زبان و ادب سے آشنائی کا دور تھا۔ اس لئے ولی نے بھی اپنی شاعری کے لئے اردو زبان کو ہی وسیلہ بنایا۔ قابلِ ذکر بات یہ بھی ہے کہ فارسی زبان و ادب کا ایک وقیع ذخیرہ ولی کے سامنے موجود تھا۔ ولی نے فارسی ادبیات کا بغور مطالعہ بھی کیا تھا۔ 1700ء میں ولی نے جب دلی کا سفر کیا تو اسی دوران ان کی ملاقات ایک مشہور بزرگ شاہ سعد اللہ گلشن سے ہوئی۔ انہوں نے ولی کو مشورہ دیا کہ فارس کے مضامین، اسلوب اور لفظیات سے بلا جھجک استفادہ کریں، کیوں کہ کوئی بھی اس کے متعلق باز پرس کرنے والا نہیں ہے۔ یہ مشورہ ولیؔ کے لئے نہایت کارآمد

ثابت ہوا۔ ولی نے فارسی تراکیب، صنائع، مرکب افعال کا استعمال اپنی شاعری میں کیا۔ فارسی شعرا کی غزلوں سے بخوبی استفادہ کیا اور جابجا ان شاعروں کی شعری تخلیقات اردو میں ہو بہو منتقل کرنے کی کوشش کی۔ کہیں کہیں ایسا محسوس ہوتا ہے کہ ولیؔ نے پورا کا پورا شعر اردو میں منتقل کر دیا ہے۔ مگر سادگی، روانی، لطافت اور شائستگی کو ہاتھ سے جانے نہیں دیا۔ ڈاکٹر شارب رُدولوی مطالعہ ولی تنقید و انتخاب میں لکھتے ہیں :سادگی، روانی، رنگینی، سرخوشی، نشاطیہ کیفیت، تشبیہات و استعارات کی جدت معنی آفریں تاثر و حسیت، تنوع، افسریت اور ہندوستانی عنصر و فارسی کا بخوبی امتزاج ولی کا فن ہے۔ فارسی شاعری کے اثرات ولی کی شاعری پر نہایت گہرائی کے ساتھ موجود ہیں۔ چونکہ ان کے سامنے فارسی کا ایک وافر اور قابل لحاظ ذخیرہ موجود تھا، جسے انہوں نے بڑی مہارت سے اپنی شاعری کا حصہ بنایا اور شہرت و بلندی کی منزل پر پہنچے جنوب سے شمال تک پورے ہندوستان میں ان کی شہرت کا سکہ جم گیا اور جب دوسری مرتبہ انہوں نے ابو المعالی کے ہمراہ 1732ء میں دہلی کا سفر کیا تو اپنے ساتھ دیوان ریختہ بھی لے گئے، جو نہایت مقبول ہوا۔ بعد ازاں سعدی حافظ اور خسرو کے کلام کی جگہ قوال اور دوسرے لوگ ولی کے اشعار گانے اور گنگنانے لگے۔ یہاں چند اشعار نقل کئے جاتے ہیں جس سے اندازہ ہو جائے گا کہ ولی کی شاعری پر فارسی شعراء نے کس قدر اثر ڈالا ہے۔ حافظ کے دیوان کا پہلا شعر ہے۔

اَلَا یَا اَیُّھَا السَّاقی اَدِرکَاساً وناوِلْھا

کہ عشق آسان نمود اول ولی افتاد مشکلہا

ولی نے اس مضمون کو یوں بیان کیا ہے۔

اے ولی طرزِ عشق آسان نئیں

آزمایاہوں میں کہ مشکل ہے

امیر خسرو کی ایک غزل کے یہ دو اشعار اور اسی بحر اور ردیف میں ولیؔ کا شعر ہے۔

جان ز تن بر دی و در جانی ہنوز

درد ہا دادی و در مانی ہنوز

ملک دل کر دی خراب از تیغ ناز

واندریں ویرانہ سلطانی ہنوز

ولی نے کہا ہے۔

تو ہے رشکِ ماہِ کنعانی ہنوز

تجھ کوں ہے خوباں میں سلطانی ہنوز

نظیریؔ کا شعر ہے۔

تو چنان گرفتہ ای جاں بر میانِ جانِ شیریں

نہ توان ترا و جان راز ہم امتیاز کر دن

ولیؔ نے نظیری کی پیروی کرتے ہوئے ہو بہو وہی مفہوم اپنے شعر میں نقل کیا ہے۔

ایسا بسا ہے آکر تیرا خیال جیو میں

مشکل ہے جیو سوں تجھ کوں اب امتیاز کرنا

حافظ شیرازی کی اتباع کرتے ہوئے ولی دکنی نے تعلی کے طور پر اپنی شاعری کی قدر و قیمت کا احساس دلانے کی کوشش کی ہے۔ حافظ شیرازی کا شعر ہے۔

قیمت دُرِّ گراں مایہ چساں انند عوام

حافظا گوہر یکدانہ مدہ جُز بہ خواص

ولیؔ نے حافظ کے اس شعر پر اپنی طبع آزمائی یوں کی ہے۔

اے ولیؔ قدر تیرے شعر کی کیا بوجھے عوام
اپنے اشعار کوں ہر گز نہ تو دے جز بہ خواص

دوسری جگہ امیر خسرو کے عشقیہ شعر کی بھی من و عن نقل کرتے ہوئے اپنا مدعا ولیؔ نے بیان کیا ہے۔ امیر خسرو فرماتے ہیں

از سر بالینِ من بر خیز ای نادان طبیب
درد مندِ عشق را دارو بجز دیدار نیست

ولیؔ کہتے ہیں کہ۔

مجھ درد پر دوانہ کرو تم حکیم کا
بن وصل نئیں علاج برہ کے سقیم کا

الغرض ولی کی شاعری پر فارسی شاعری کے اثرات نمایاں طور پر نظر آتے ہیں۔ فارسی تشبیہات و استعارات اور صنائع بدائع کی ولی کی شاعری میں بھر مار ہے "ولی کی شاعری پر فارسی شاعری کے اثرات "ایک تنقیدی جائزہ یہ موضوع نہایت اہمیت کا حامل ہے جس پر محققین نے قابل قدر کام نہیں کیا ہے۔

ولی کی شاعری پر فارس کے اثرات کی سب سے بڑی وجہ یہ تھی کہ چونکہ وہ دور فارس کے جید شعراء متقدمین حافظ سعدی اور خسرو وغیرہ کا تھا جس دور میں عوام بھی فارسی کا بخوبی ادراک و فہم رکھتے تھے۔ اور خواص گفتگو بھی فارسی زبان میں کرتے تھے ولیؔ کے سامنے ایک عظیم سرمایۂ شعر و سخن تھا۔ متقدمین اور عظیم نامور شعراء اپنا سرمایہ چھوڑ گئے تھے۔ شاعری ماحول میں فارسی ایسی رچ بس گئی تھی کہ اس سے دوری ممکن نہ تھی۔ یہ وجہ تھی کہ ولی کی شاعری فارس کے اثرات سے مبرا نہ رہ سکی اور کافی حد تک اس کے اثرات ان کی شاعری میں مرتسم ہوئے۔ محاورے تراکیب لفظی، صنائع و بدائع اور

فکر و خیال کے ساتھ ساتھ اوزان و بحور بھی ان کی شاعری میں وہی در آئے جو فارسی شاعری کی بنیادی اوصاف تھے ولیؔ نے اپنی شاعری میں اس قدر فارسی الفاظ کا استعمال کیا ہے کہ اگر ان کے اشعار سے فارسی کے الفاظ نکال دیئے جائیں تو صرف چند ہی الفاظ ایسے باقی بچیں گے جو اردو کے ہوں گے مثلاً یہ شعر ۔

درد مندوں کو سدا ہے قولِ مطرب دلنواز
گرمیِ افسردہ طبعاں شعلہ آواز ہے

اگر اس شعر سے فارسی کے الفاظ ہٹا دیئے جائیں تو پورے شعر میں 'کو' ہے کہ علاوہ اردو کا کوئی لفظ نہیں رہے گا۔ اسی طرح مندرجہ ذیل اشعار کی تراکیب و خیال اور لفظیات پر غور کیا جائے تو اندازہ ہو گا کہ واقعی فارسیت کی قدر ان کے ذہن پر غالب تھی ۔

ماہِ نو تجھ بھواں یہ کر کے نظر
سوئے مغرب چلا ہے رو بہ قفا

*

صنم کے لعل پر وقتِ تکلم
رگِ یاقوت ہے موجِ تبسم

*

تنگ چشمی ہے راہِ بے بصری
گرچہ مقدار چشمِ سوزن ہے

*

اعجاز حسن دیکھ کے وہ روئے باعرق
پیدا کیا ہے چشمہ آتش سوں آب آج

*

ہر ذرۂ عالم میں ہے خورشید حقیقی
یوں بوجھ کہ بلبل ہوں ہر اک غنچہ وہاں کا

*

آج سر سبز کوہ و صحرا ہے
ہر طرف سیر ہے تماشا ہے

*

چہرہ کا یار قامت زیبا
گل رنگین و سرو رعنا ہے

*

معنی حسن و معنی خوبی
صورتِ یار سوں ہویدا ہے

*

آج ہر گل نور کی فانوس ہے
کوہ و صحراء صورت طاؤس ہے

*

خوب رو خوب کام کرتے ہیں
یک نگہ میں غلام کرتے ہیں

*

کم نگاہی سے دیکھنے والے

کام اپنا تمام کرتے ہیں

*

میرے سخن کو مہر سوں سنتا ہے وہ رنگین اور

اے سرگزشتِ حال دل افسانہ ہو افسانہ ہو

مندرجہ بالا اشعار میں بالترتیب پہلے شعر میں ماہِ نو، سوئے مغرب، روبہ قفا، دوسرے شعر میں صنم، لعل، وقت تکلم رگِ یاقوت اور موج تبسم، یہ سارے الفاظ فارسی سے اخذ کئے گئے ہیں۔ اگر ان الفاظ کو ہٹا دیا جائے تو صرف 'کر کے'، 'چلا ہے' کے علاوہ کوئی لفظ اردو کا نہیں ہے۔ اسی طرح تیسرے شعر میں۔ تنگ چشمی، راہ بے بصری، گرچہ، مقدار چشم سوزن جیسے الفاظ اس بات کی دلالت کرتے ہیں کہ ولی کے اشعار میں فارسی الفاظ کا غلبہ ہے۔ اس شعر میں صرف دو الفاظ اردو کے ہیں یعنی پہلے مصرعے میں لفظ 'ہے' اور پھر دوسرے مصرعہ میں بھی وہی لفظ 'ہے' اردو کا استعمال ہوا ہے۔ چوتھے شعر میں اعجاز حسن، روئے باعرق، چشمہ آتش، آب جیسے الفاظ وتراکیب مکمل طور پر فارسی کے ہیں صرف دیکھو کے، آج، پیدا کیا ہے، الفاظ اردو کے ہیں۔

پانچواں شعر ہر ذرۂ عالم میں ہے خورشید حقیقی، یوں بوجھ کہ بلبل ہوں ہر اک غنچہ وہاں کا، ان میں سے اگر فارسی الفاظ نکال دیئے جائیں تو صرف میں ہے یوں بوجھ، ہر اک اور لفظ کا، باقی بچے گا یہ پورا شعر فارسی ترکیب، اضافت لفظی اور تشبیہ کنایہ سے مملو ہے۔

اسی طرح چھٹے شعر میں سر سبز، کوہ و صحرا، سیر اور تماشا جیسے الفاظ اردو کے نہیں ہیں صرف آج ہے، ہر طرف وغیرہ الفاظ اردو کے ہیں، اسی طرح اس کے بعد کے اشعار میں۔ چہرہ کا یار، قامت زیبا، گل رنگین و سرو رعنا ہے، میں اردو کا لفظ ڈھونڈنے سے صرف ایک ہی ملے گا اور وہ ہے لفظ "رہے" اسی طرح بعد کے شعر معنی حسن و معنیٔ

خوبی، صورت یار سوں ہویدا ہے۔ میں کس قدر فارسی الفاظ موجود ہیں۔ اس میں بھی صرف ایک لفظ "ہے" اردو زبان کا استعمال ہوا ہے۔

آج ہر گل نور کی فانوس ہے

کوہ و صحرا صورت طاؤس ہے

یہ شعر بھی اپنی فارسی ترکیب، فارسی الفاظ اور فارسی خیال کا آئینہ دار ہے۔ فکر و خیال کی بلندی کے ساتھ ساتھ شعر میں موسیقیت اور روانی ہے۔ ایسا نہیں لگتا ہے کہ اس شعر میں اردو کے علاوہ دوسرے زبان کے الفاظ استعمال ہوئے ہیں۔

ولی کا یہ مشہور شعر جس میں محبوب کی اداؤں، خوبیوں اور ان کی دلفریبیوں کو بڑی خوبی سے بیان کیا ہے، اور تکرار لفظی کا خوب فائدہ اٹھایا ہے۔ حالانکہ اس شعر میں اردو الفاظ ندارد ہیں تاہم ایسا احساس نہیں ہوتا ہے کہ اس میں فارسی کے الفاظ استعمال ہوئے ہیں۔ خوبرو، خوب، ایک نگہ، جیسے الفاظ اردو میں اس طرح رچ بس گئے ہیں کہ اس بات کا احتمال ہی نہیں ہوتا کہ یہ فارسی کے الفاظ ہیں۔ اسی طرح کم نگاہی، ولے، کام تمام کرنا یہ تراکیب بھی فارسی کی ہیں اور الفاظ بھی فارسی سے مستعار لیے گئے ہیں۔

آخری شعر جس میں سرگزشت، حال دل، سخن، رنگیں ادا جیسے الفاظ نے ولی کے ذہنی و فکری رجحان کو بخوبی واضح کر دیا ہے۔

چند اشعار کے حوالے کے ذریعے یہ بات واضح ہو جاتی ہے کہ ولی نے اپنی فکری بساط کی بنیاد فارسی پر رکھی تھی۔ الفاظ و تراکیب، خیال و فکر، صنائع و بدائع، وغیرہ میں بھر پور فارسی کی عکاسی نظر آتی ہے۔ بہت سے فارسی اشعار کو ہو بہو چند الفاظ کے تغیر کے ساتھ اردو میں نقل کر دیا ہے۔ کہیں کہیں فارسی اشعار کے مفاہیم کو اردو کے شعر میں موزوں کر دیا ہے اور کہیں کہیں فارسی تراکیب کو اس طرح استعمال کیا ہے کہ ایسا احساس

نہیں لگتا ہے کہ یہ تراکیب اردو کے نہیں ہیں۔

الغرض ولیؔ کی شاعری پر فارسی کے اثرات از ابتداء تا انتہا دکھائی دیتے ہیں اور اس قدر اثرات دوسرے اردو شعرا یا ان کے معاصرین کی شاعری پر نظر نہیں آتے۔ اس سے اندازہ ہوتا ہے کہ ولی کی فارسی دانی بہ نسبت دوسرے اردو شعراء کہیں وسیع تر تھی۔ انہوں نے فارسی شاعری کا گہرا مطالعہ کیا تھا اور خصوصاً حافظ سعدی خسرو، نظیری وغیرہ سے بہت زیادہ متاثر تھے۔ اس لئے ان شعراء کے اثرات بھی ان کی شاعری میں کہیں نظر آتے ہیں۔

ولیؔ کی فارسی شاعری کی طرف رجحان کے متعلق نور الحسن ہاشمی اپنی کتاب "ولی" میں "لکھتے کہ "ولی نے پہلے پہل دکنی زبان اور دکن انداز میں سخن گوئی شروع کی مگر معلوم ہوتا ہے کہ انہیں جلد ہی اس کا احساس ہو گیا کہ فارسی زبان کے الفاظ اور فارسی انداز اختیار کرنے سے ان کی شاعری وسیع تر حلقوں میں مقبول ہو سکے گی۔

اس لئے انہوں نے ایسی زبان میں شعر گوئی شروع کر دی جو دکن اور شمالی ہند دونوں جگہ جگہ آسانی سے سمجھی اور پسند کی جا سکتی تھی۔ ولی نے بہت سے فارسی کے مرکب افعال کے ترجموں سے اس اردو زبان کو مالا مال کیا جو اس وقت ہندی، ہندوی یا ہندوستانی کہلاتی تھی،(ولی صفحہ۔16)

***

عہد نو کا سب رنگ شاعر: قدسی مصباحی

ڈاکٹر شہاب ظفر اعظمی

عہد حاضر میں دیگر علوم کے ساتھ ساتھ تنقید ادب میں بھی نمایاں تبدیلیاں آئی ہیں۔ مغربی تنقید کے زیر اثر اب مشرقی زبانوں کے نقادوں کے یہاں بھی ادب کی تفہیم کے لئے نفسیاتی عمرانی علوم کا سہارا لینے کا رجحان نمایاں ہو رہا ہے۔ شاعر کے خیالات کے پس پشت محرکات کو جانچنے اور شاعر کی شخصیت کو سمجھنے کے لئے دور حاضر میں جہاں خارجی عوامل، معاشرتی رجحانات، تہذیبی، تمدنی اور ثقافتی تبدیلیوں کے حوالے سے شاعر کے کلام کا تجزیہ کیا جاتا ہے وہاں شاعر کی ذہنی کیفیات، اس کے خاندانی پس منظر اور اس کے ذہن و فکر میں کار فرما نفسیاتی عوامل کا جائزہ بھی لیا جاتا ہے۔ تنقید کے اس رجحان کے پس منظر میں فرائڈ، یونگ اور ایڈلر کے اثرات نمایاں ہیں۔ مشہور ماہر اسلوبیات لوکاس بھی فن کار کی سیرت کو ہی اسلوب سے عبارت کرتا ہے۔ یعنی شعر و ادب کی تنقید میں معنی پر توجہ دی جائے یا لفظ پر، فکر کو پرکھا جائے یا اسلوب و اظہار کو، ناقد کو بہر حال شاعر کی شخصیت اور اُس کے پس منظر سے واقف ہونا ہوگا ورنہ اُس کے نتائج غلط اور تعبیریں مبہم ہو سکتی ہیں۔ اِس نقطۂ نظر کو سامنے رکھا جائے تو ضروری ہو جاتا ہے کہ سید اولاد رسول قدسی کے کلام کے مطالعے سے پہلے اُن کی زندگی، سیرت اور معاشرتی پس منظر پر بھی ایک نظر ڈال لی جائے۔

۲۵ مارچ ۱۹۶۲ء کو بھدرک اڑیسہ کی سرزمین پر پیدا ہونے والے سید اولاد رسول قدسی ؔبڑی خوبیوں اور صلاحیتوں کے مالک ہیں۔ خالق کائنات نے آپ کو ذہانت و فطانت اور ذکاوت و نکتہ رسی کے علاوہ نیکی، شرافت اور حُسن سیرت کی ڈھیر ساری دولتیں عطا کی ہیں۔ والد محترم سے مذہبیات کی ابتدائی تعلیم حاصل کرنے کے بعد آپ اسکول میں داخل ہوئے اور ۱۹۷۹ء میں میٹرک اور ۱۹۸۲ء میں بی۔ اے کے امتحانات میں امتیازی نمبروں سے کامیابی حاصل کی۔ ۱۹۸۵ء میں کٹک کے ہی راونشا کالج سے انگریزی میں ایم۔ اے اور ۱۹۸۷ء میں اردو زبان و ادب میں ایم۔ اے کر کے انگریزی کے ساتھ اردو ادب کی روایات اور اصناف سے بھی واقفیت حاصل کی۔ عصری تعلیم میں معتدبہ کامیابی حاصل کرنے کے بعد والد گرامی کی خواہش پہ ایک بار پھر دینی علوم کی تحصیل کی طرف متوجہ ہوئے اور ۹۸۸ء میں الجامعۃ الاشرفیہ مبارکپور میں داخل ہو گئے۔ وہاں اپنی صلاحیتوں کا اعتراف کروانے کے بعد ۱۹۹۳ء میں سند فضیلت حاصل کی اور دینی و عصری علوم سے پوری طرح بہرہ ور ہو کر تبلیغ دین اور خدمت خلق کے لئے نکل پڑے۔

قدسی کی شخصیت میں بڑی دلکشی، وسعت اور مقناطیسی قوت پائی جاتی ہے۔ آپ مذہبی اور ادبی دونوں دنیا میں عزت و احترام اور اعتبار کی نگاہوں سے دیکھے جاتے ہیں۔ قدسی مذہب اور ادب دونوں کی خدمت کو عبادت سمجھتے ہیں۔ یہی وجہ ہے کہ امریکہ کی دور افتادہ زمین پر رہ کر بھی وہ شعری و نثری تخلیقات سے ہمارے ذخیرۂ ادب میں اضافہ کر رہے ہیں۔ مغربی آب و ہوا میں رہنے کے باوجود اُن کا مذہبی و لسانی قدروں سے رشتہ کسی طرح کمزور نہیں ہوا ہے اور یہ بہت بڑی بات ہے۔

قدسی کی شاعری کی کئی پرتیں ہیں۔ ان کی شاعری کے کئی رنگ ہیں اور اُن کے طرز اظہار میں کئی تیور ہیں جو دوسروں سے مختلف ہی نہیں منفرد ہیں۔ اُن کی شاعری کے

تمام رنگوں سے اخذ کر کے صرف تین اہم اور خاص رنگ میں آپ کو دکھا رہا ہوں جو ان کی تمام شاعری پر چھڑکے ہوئے ہیں۔

پہلا رنگ: قدسی بنیادی طور پر نعت کے شاعر ہیں۔ دینی اور دنیاوی دونوں علوم کے امتزاج نے اُن کی نعت گوئی کو دو آتشہ بنا دیا ہے۔ اور ان دونوں علوم سے بڑھ کر ایک اور شئے ہے جو نعت میں صداقت، آہنگ اور تاثیر کی قوت پیدا کرتی ہے، وہ ہے عشقِ رسول جس سے جناب قدسی کا سینہ منور ہے۔ عشق رسول کے نشہ نے اُن کی دو آتشہ کو سہ آتشہ میں تبدیل کر دیا ہے۔ ان کے والہانہ عشق رسول کا ایک ثبوت یہ بھی ہے کے انہوں نے اب تک جو کچھ لکھا ہے اُن میں سب سے بڑا حصہ نعتوں کا ہی ہے۔ اُن کے مجموعوں میں گلہائے کے قدسی، انوار قدسی، گل ولالہ، لب ولہجہ اور لوح محفوظ نعتوں اور منقبتوں پر مشتمل ہیں یہ کتابیں اشاعت پذیر ہو کر نہ صرف اصحاب علم و ادب سے خراج تحسین وصول کر چکی ہیں بلکہ قدسی کے جذبات عشق، وارفتگیِ شوق، فکری بصیرت اور فنی مہارت کا اثبات بھی کرا چکی ہیں۔

مذکورہ بالا تمام مجموعوں کو ایک خوب صورت گلدستہ بھی کہا جا سکتا ہے۔ جن میں مختلف اصناف کے پھول ہیں، نعتیہ غزلیں، نعتیہ ہائیکو، نعتیہ نظمیں، منقبتیں وغیرہ۔ لیکن ان سب کی خوشبو ایک ہے۔ ہیئت میں بے حد تنوع ہے لیکن معنوی وحدت ہر جگہ ایک ہے۔ جمالیاتی صورت میں اختلاف ہے لیکن وجدانی اور عرفانی کیفیت واحد ہے۔ تعجب ہوتا ہے کہ اتنی زبردست وحدت معنوی و ذوقی کے باوجود، طبیعت میں کہیں تکدّر پیدا نہیں ہوتا اور نہ لطف و ذائقہ میں ذرّہ برابر کمی آتی ہے۔ شاید اسکی وجہ یہ ہو کہ حضرت قدسی کا موضوع نعت ہے۔ اور یہ حضرت قدسی کا کرشمہ نہیں بلکہ نعت رسول کا معجزہ ہے کہ وحدت معنی کے باوجود نعت کی لذت فزوں سے فزوں تر ہوتی چلی جاتی ہے۔

نعت موضوعی صنف سخن ہے جس کے عنوان شہنشاہ کونین صل اللہ علیہ و سلم ہیں۔ یہی اس کی اصل پہچان ہے۔ اسی لئے نعت کے لئے کوئی فارم متعین نہیں۔ مسدس، مثنوی، غزل، رباعی، ہائیکو یا تکونی جس شکل میں چاہے نیاز مند اپنے دل کا نذرانہ بارگاہ مصطفٰے میں پیش کر سکتا ہے شرط یہ ہے کہ اس کی اصل پہچان قائم رہے۔ یہاں ایک بات بڑی دلچسپ ہے کہ موضوعی اصناف اپنی خالصیت کی تکمیل بغیر سچائی اور خلوص کے نہیں کر پاتیں بلکہ "حق و خلوص" کی شدت جتنی زیادہ ہو گی کلام اتنا ہی سچا اور خالص ہو گا۔ رسول کی تعریف سب ہی کرتے ہیں حجر، شجر، ملائکہ اور جن حتیٰ کہ اللہ تبارک و تعالیٰ بھی رسول پر درود بھیجتا ہے اور بندوں کو تلقین و تاکید کرتا ہے کہ تم بھی میرے محبوب (صلی اللہ علیہ و سلم) پر دردو بھیجو۔ یعنی نعت خالص ایمان و عقیدہ کی چیز ہوئی۔ سچی اور خالص نعت کے لئے فنکار کا صاحب ایمان اور عاشقِ رسول ہونا شرط اوّل قرار پائی۔ اس لئے کہا جا سکتا ہے کہ اطاعت کے مقابلے میں "حُب رسولؐ" اِس صنف سخن کے لئے زیادہ موزوں اور کار آمد ثابت ہوتا ہے جب تک کمالِ مصطفٰےؐ صلی اللہ علیہ و سلم پر یقین اتنا مستحکم نہ ہو کہ عقیدہ کے درجے تک پہنچ جائے تب تک نعت کا سچا اور کھر اشعر وجود میں نہیں آ سکتا۔ عقیدے کی محکمی اور یقین کامل کی پختگی نعت کی تاثیر میں شدت اور سچّا حُسن پیدا کرتی ہے۔ مگر یہ بھی ملحوظ رہے کہ عقیدہ خود ساختہ نہ ہو، قرآن و حدیث اور اسلاف کے اقوال سے کشید کیا ہوا ہو۔

آقا کی طرح دہر میں ذی جاہ نہیں ہے
مملوک ہیں سب ان کے کوئی شاہ نہیں ہے
سب سے یہی کہتا یہ میدان قیامت
آج اُن کی شفاعت کے سوا راہ نہیں ہے

سارے نبیوں کے مراتب ہیں مسلم قدسی
میرے آقا کی طرح ان میں کمالات کہاں
خونخوار دشمنوں کو بھی ہے ان پر اعتماد
صادق ہیں بے مثال مہذب امین ہیں
سرکار دوجہاں کی محبت ہے زندگی
بس اُن کے نام سے ہی عبارت ہے زندگی

یہ شاعری نہیں بلکہ حقیقت حال کا بیان ہے کہ کائنات کا ہر ذرہ جان جہاں صل اللہ علیہ وسلم کی ملکیت میں ہے اور قیامت کے دن اُن کی شفاعت ہی ہماری نجات کا سبب بنے گی کہ یہ جان جہاں عین حق ہیں، سارے نبیوں سے اعلیٰ، افضل اور ایک بے مثال شخص جن پر اپنے تو اپنے دشمنوں کو بھی اعتماد ہے۔ ایسے سرکار دوجہاں کی تعریف کرنا نعت کی شناخت کا جزو اعظم ہے۔

قدسی میں شاعری میں گزاروں نہ وقت کیوں؟
افکارِ نعت مصطفیٰ اشغالِ دین ہیں
میں بھی قدسی ہوں اُنہیں کا ناعت
مجھ کو فردوس کا ساکن لکھنا

یہ وہ محبوب نورانی ہے جو کائنات کی زندگی ہے، یہی اصل ایمان ہے اور یہی روحِ قرآن ہے۔ مراد یہ ہے کہ نعت گوئی میں محض عقیدت سے کام نہیں چلے گا۔ یہاں عقیدہ چاہئے وہ بھی جتنا شدید تر ہوتا جائے گا نعت کی قدر بڑھتی جائے گی قدسی کے یہاں محض عقیدت نہیں وہ "عقیدہ" بھی ہے جو ایمان کی دولت بخشتا ہے۔ ایسا ایمان جس کی روح محبت رسول ہے۔ سچے ناعتِ رسول کا دل کوچۂ محبوب صل اللہ علیہ وسلم کا طواف

کرتا ہے، زبان ذکر محبوب سے ہر لمحہ تر رہتی ہے اور آنکھ ہجر محبوب میں اشکوں سے وضو کرتی ہے۔ سید اولاد رسول قدسی ایسے ہی عاشق رسول ہیں۔ مولانا رحمت اللہ صدیقی لکھتے ہیں:

سید اولاد رسول قدسی کی حیات کا ہر ورق ہمارے سامنے ہے ہم نے ان کی صبح دیکھی ہے اور شام بھی۔ ہم نے ان کی خلوت دیکھی ہے اور جلوت بھی۔ وہ زندگی کے ہر موڑ پر ہمیں ذاکر رسول صل اللہ علیہ وسلم ہی نظر آئے ہیں۔ یاد محبوب میں اُن کی محویت قابل دید اور لائق تقلید ہے۔ ہجر رسول میں ہر وقت بے قرار رہتے ہیں۔ اُن کے جذبات عشق میں بڑی متانت اور سنجیدگی پائی جاتی ہے۔" (قدسی شخص و شاعر ص۔ ۲۰۹)

عشقِ رسول میں ڈوبے چند اشعار ملاحظہ کیجئے اور دیکھیئے کہ سچا عشق جذبات خیالات اور الفاظ میں کیسی صداقت، شدت اور تاثیر بخش دیتا ہے۔

عشق کا ہم کو ایسا رنگ ملا
ان پہ سرشار انگ انگ ملا
اس پہ جنت کا سکوں بھی ہے نثار
ان کی یادوں میں جو بے تاب ملا
لوح محفوظ کی تحریر نظر میں ہو گی
دل میں روشن ہو اگر ان کی محبت کا چراغ
کرب پیہم سے پریشاں تھا دماغ
شاہ کے ذکر سے آرام ملا
اُن کی تحریر محبت چھا گئی

دل کا کاغذ جب بھی سادہ ہو گیا
لمحات یادِ شاہِ زمن کے جب آ گئے
فرقت کا ہر لباس بھی احرام ہو گیا

قدسی کی نعتیہ شاعری جہاں عشق رسول کی روح سے مملو ہے وہیں قرآن و حدیث سے ماخوذ مضامین، معجزات نبوی، تاریخی واقعات اور اصلاحی و تبلیغی خیالات بھی اسے تنوع اور رنگا رنگی کی کیفیت عطا کرتے ہیں۔ اس پر مستزاد یہ کہ فنی طور پر اُن کی نعتیہ شاعری ایسی بے شمار خوبیوں کی حامل ہے جن کی تلاش ایک کہنہ مشق اور بڑے شاعر سے کی جا سکتی ہے۔ تشبیہ، استعارہ تمثیل اور پیکر تراشی کی مثالیں تو بڑی آسانی سے مل سکتی ہیں ،اُن کی شاعری میں وہ تکنیکیں بھی ملتی ہیں جو شعری مہارت کا ثبوت فراہم کرتی ہیں۔ چھوٹی بحروں کی کاٹ، طویل بحروں کا ترنم، مشکل ردیفوں کا استعمال، ہندی کے مدھر بولوں کا کھپانا، نادر مگر خوش رنگ ترکیبیں گڑھنا اور محاوروں سے برجستگی اور روانی پیدا کرنا وغیرہ، ایسے حربے ہیں جن سے اشعار میں ادب کا بانکپن اور فکر و فن کی بہار اپنے جلوے بکھیرتی ہے چند مثالیں ملاحظہ کیجئے۔

جہاں میں حکومت ہے کس کی؟ نبی کی
دوامی شریعت ہے کس کی؟ نبی کی
اُن کے غم کا چراغ ہے روشن
دل کے صحرا میں باغ ہے روشن
جدھر بھی چاہو نظر اُٹھاؤ، نبی کے جلوے چمک رہے ہیں
نصیبہ سویا ہوا جگاؤ نبی کے جلوے چمک رہے ہیں
وہی آخری ہیں رسالت کی بارش

نہ ہو گی کبھی اب نبوت کی بارش
یوں مگن تھا میں اُن کی یادوں میں
شور و غوغا سے میں دہل نہ سکا

قدس کی نعتیہ فکر ستھرا اسلوب بیان رکھتی ہے۔ اُن کے ذخیرۂ علم میں دین اور ادب، اردو اور فارسی و عربی دونوں کی رونقیں یکجا ہیں اس لئے اُن کے اسلوب و اظہار میں دونوں کے انعکاسات ملتے ہیں۔ وہ جہاں عربی و فارسی کے الفاظ اور ترکیبیں استعمال کرتے ہیں وہیں اودھ اور دہلی کی شستگی سے بھی اُن کا لسانی انسلاک نظر آتا ہے۔ ثقیل اور بھاری بھر کم الفاظ کے ساتھ عام فہم، رواں اور بول چال کے آسان الفاظ بھی اُن سے مانوس نظر آتے ہیں۔ قدسی نے صنف نعت میں جدید شعری روایات کو بھی بڑی خوبی سے برتا ہے۔ رباعی، ہائیکو، تکونی اور آزاد نعتیہ شاعری بھی کی ہے۔ اُن کے اظہار و اسلوب میں جہاں تنوع اور رنگارنگی ہے وہین فنی اظہار میں شفافیت اور جذبے کی تپش بھی ہے۔ انہوں نے اپنی نعتوں کا خمیر عشق رسول صل اللہ علیہ وسلم کی آنچ میں تیار کیا ہے۔ اس لئے اُن کا ہر شعر عشق رسول کے تاروں سے لپٹا نظر آتا ہے۔ اُن کے یہاں محض الفاظ کی بازی گری نہیں بلکہ جذبۂ عقیدت کا پر خلوص اظہار ہوتا ہے۔ ذیل کے اشعار پڑھئے اور قدسی کی نعت گوئی کے محاسن پر سر دھنئے۔

زیر قدم ہیں شاہ کے افلاک ہفت بھی
پابوسی اُن کی کرتے ہیں چل کر درخت بھی
قرب خالق میں تھے وہ ارض و سما سے پہلے
یعنی انوار کے پیکر تھے ضیا سے پہلے
اُن کی آمد سے زمانے کے مقدر جاگے

چادر نور میں لپٹے ہوئے منظر جاگے
مل گیا اُن کا دامن مزہ آگیا
کھل گیا دل کا گلشن مزہ آگیا
میں طلب اُن سے کروں میری یہ اوقات کہاں
میں سیہ کار کہاں شاہ کی خیرات کہاں
سرکار سے پہلے کبھی اس دہر نے قدسی
انگشت مقدس میں سمندر نہیں دیکھا
طائرِ عشق طیبہ مجھے لے اُڑا
ہجر تکتا کفِ یاس ملتا رہا

اس قسم کے بیشتر اشعار قاری کو اپنی طرف متوجہ کرتے ہیں کیونکہ نعتیہ شاعری میں یہ نیا لب و لہجہ اُنہیں متحیر کرتا ہے اور قدسی کو معاصر نعتیہ ادب کے سب سے منفرد ممتاز اور نمایاں شاعر کی حیثیت سے متعارف کراتا ہے۔

دوسرا رنگ: قدسی بنیادی طور پر نعت کے شاعر ہیں مگر اُنہوں نے غزلوں نظموں اور رباعیات وغیرہ میں بھی اپنے پاکیزہ اور اعلیٰ افکار کی روشنی بکھیری ہے۔ اُن کی غزلوں میں ایک خاص رکھ رکھاؤ کی کیفیت موجود ہے۔ انہوں نے اُن سوقیانہ جذبات، مریضانہ موضوعات اور غیر مہذب افکار سے غزل کو یکسر پاک رکھا ہے جو غزل کے لئے معیوب اور باعثِ عار ہیں۔ اُن کی غزلوں میں پاکیزگی بھی ہے اور فکر کی گہرائی بھی۔ اُن کی غزلیں پڑھتے ہوئے جہاں ذوق جمال کی تسکین ہوتی ہے وہاں فکر کی نئی پہنائیوں سے آشنائی بھی۔ یہ خصوصیت نہ صرف انہیں دوسرے ہم عصر شعرا سے ممتاز کرتی ہے بلکہ ۱۹۸۰ کے بعد آسمانِ ادب پر روشن ہونے والے شعرا میں ایک اہم مقام بھی عطا کرتی ہے۔

اولادِ رسول قدسی کی غزل میں ان کی سنجیدہ روی اور مزاج کی روحانی تاب قاری کو فی الفور اپنی طرف متوجہ کر لیتی ہے۔ تقریباً تین دہائیوں پر پھیلا ہوا ان کا کلام انہیں اِس عہد کا ایک معتبر ذہین اور اچھا شاعر ثابت کرتا ہے۔ اب وہ شاعری کی اُس منزل پر پہنچ چکے ہیں جہاں شاعری خود شاعر کی ذات میں گم ہو جاتی ہے اور شاعر کی ذات مکمل شاعری ہو جاتی ہے۔ تبھی تو ایسے اشعار وجود میں آتے ہیں:

سیاہی فکر کی کاغذ پہ بہہ گئی قدسیؔ
مری غزل کا ہر اک بانکپن شکستہ ہے

ہم کہ بیٹھے تھے معنی کے اوراق میں
اور لفظوں کا پردہ کتابوں میں تھا

قدسی ہمیں عزیز ہے یہ آشیاں گری
تو بجلیوں کی آنکھ میں نشتر اتار دے

ہر پیڑ کے بدن پہ گلوں کا لباس تھا
گویا سنہرا خواب بہاروں کے پاس تھا

قدسی کی غزلیہ شاعری میں مجھے سب سے زیادہ وہ فضا پسند آئی جو اُن کی زندگی کے واقعات، ان کے ذاتی محسوسات اور ان کی شخصیت کے طبعی افتاد سے ابھرتی ہے۔ انہوں نے جو کچھ لکھا ہے، جذبے کی صداقت کے ساتھ لکھا ہے۔ ان کے احساسات کسی عالمِ بالا کی چیزیں نہیں ہیں بلکہ ان کی اپنی زندگی کی سطح پر کھیلنے والی لہریں ہیں۔ انہیں نازک چنچل، بے تاب، دھڑکتی ہوئی لہروں کو انہوں نے شعروں کی سطروں میں ڈھال دیا ہے، اور اس کوشش میں انہوں نے انسانی جذبے کے ایسے گریز پا پہلوؤں کو بھی اپنے شعر کے جادو سے اجاگر کر دیا ہے جو اس سے پہلے اس طرح ادا نہیں ہوئے تھے:

آوارہ برق جبر کی انساں پہ یوں گری
روحوں کا تار جسم کے زنداں سے کٹ گیا
طائر کی آشیاں کا سہارا وہ بن گیا
ساکت پڑا تھا برگ جو دردِ فراق سے
اک درد کی ٹہنی پہ کہتی تھی دعائے زاغ
کیوں لب پہ ہواؤں کے آمین نہیں ہوتی
اس کی یادوں کا تھا صحرا میں کھڑا تھا مبہوت
دردِ وحشت بڑی شدت سے مرے سر میں تھا
چاندنی اس کے تصور کی پڑی ہے دل میں
تیرگی گرچہ ملاقات کے شیشے میں ہے

اردو شعر و ادب میں فکر و فن کی جو نئی جہتیں سامنے آئی ہیں اور طرز احساس کے جو کٹاؤ پیدا ہوئے ہیں ان میں یقیناً بزرگوں کا بھی کچھ ہاتھ ہے مگر نئی نسل کے شاعروں نے جس شعری رویے اور فنی نہج کا عام طور سے ساتھ دیا ہے یا اثر قبول کیا ہے اس کا بیشتر تعلق ۱۹۸۰ء کے بعد کی نسل سے ہے۔ اور اس نسل میں اولاد رسول قدسی ایک ایسے صبا مزاج شاعر ہیں جن کے خرام فن کو ضابطوں اور اصولوں کی مٹھی میں بند کر کے دیکھنا دکھانا ممکن نہیں۔ خواہ یہ ضابطے اور اصول نئے ہوں یا پرانے۔ ہاں اگر اُن کے فن کو سمجھنے اور اس سے لطف اندوز ہونے کے لئے ضابطوں سے کام لینا ہی پڑے تو پھر یہ ضابطے خود اُنہیں کے فنی رویوں سے اخذ کرنے ہوں گے۔ وجہ یہ ہے کہ ان کی شاعری سوچ، طرز احساس اور فنی برتاؤ ہر لحاظ سے اردو شاعری کے روایتی مزاج سے یکسر مختلف ہے۔ اور اپنے اندر انفرادی رنگ و روپ رکھتی ہے۔

قدسی کے اسلوب، لہجے اور موضوعات کی انفرادیت کا یہ عالم ہے کہ اُن کی شاعری سب سے الگ پہچانی جاتی ہے۔ نعتوں کے مجموعوں سے قطع نظر صرف "رفتہ رفتہ" پڑھ جایئے، یہ حقیقت پہلی نظر میں سامنے آئے گی کہ ایک زندہ توانا اور متحرک شاعر جس کی قوت متخیلہ نامیاتی، زرخیز اور کائنات گرد ہے ان کا خالق ہے۔ قدسیؔ خوشبو، خوب صورتی اور روشنی کے متلاشی ایک بے چین و بے قرار شاعر ہیں۔ یہ بے چینی اور بے قراری شاید اس لئے ہے کہ متعفن فضا نے خوشبوؤں کو جلاوطن کر دیا ہے۔ بدصورت کرداروں نے خوب صورتی کو کال کوٹھری میں بند کر رکھا ہے تاریکی نے روشنی کو مقفل کر دیا ہے۔ شاعر بے چین اور بے قرار ہے۔ خوشبو، خوبصورتی، روشنی اور رنگ و آہنگ کے متلاشی قدسیؔ کے غموں، تنہائیوں، اشکوں، ویرانیوں، جدائیوں، دہشتوں اور تمناؤں کے معانی اسی تناظر میں تلاش کئے جاسکتے ہیں۔ بہتر دنیا، بہتر ماحول اور بہتر زندگی کی جستجو قدسی کے آؤٹ لک کا خصوصی خاصہ ہے۔

رکھنا قدم چمن میں خزاں دیکھ بھال کر
دریائے رنگ و بو میں ہے گرداب دیکھنا

حالات کے طائر نے اڑتے ہی کہا ہم سے
رہتے ہیں درندے بھی وشواس کے جنگل میں

فضائے دہر نے اوڑھی ہے ایسی کالی ردا
فلک کے جسم کا ہر پیرہن شکستہ ہے

زہر کے بستر سے لپٹے سو رہے تھے ناگ سب
کیسے رکھتا میں قدم ان صندلوں کے شہر میں

وقت کے کھیت سے اُگنے لگا یوں گندم ظلم

بابِ اکرام یہاں بند لگا ہو جیسے

مسکان ہے کھجور کی ٹہنی کے ہونٹ پر

پھر تشنگی کھڑی ہے سرابوں کے آس پاس

اپنی شاعری کو زندگی کی معنویت سے آشنا کرنے میں قُدسی کے براہ راست حسی تجربوں کا بڑا دخل رہا ہے۔ یہ حسی تجربے بھی محض سرسری نہیں ہیں بلکہ ماضی کے خوابوں کی صورت میں شاعر کے لاشعور کا جزو بن گئے ہیں کہ قدسی ان کے بغیر اپنے حال اور مستقبل کو دیکھ ہی نہیں سکتے۔ زندگی کی بدلی ہوئی قدروں کے بارے میں ہر شاعر اظہار خیال کرتا ہے اور رنج و غم کا اظہار بھی کرتا ہے مگر قدسی ماضی کو حال سے اور حال کو مستقبل سے ہم آہنگ کر کے زندگی کے اس جشن بے چارگی کو متحرک تجسیم میں بدل دیتے ہیں:

کل کی بوسیدہ چادر کو کر تار تار

سر خرو آج کی کوئی محفل تلاش

لمحوں کے دشت میں چلی ایسی ہوائے تیز

ہر ایک پتہ پیڑ کے تن سے لپٹ گیا

شمع جلتی ہے سکوں کی کہہ رہا تھا راہبر

ہم نے دیکھا جل رہا ہے بے کلی کا ماہتاب

قدسی کی ایسی سوچ کا مابعد الطبیعاتی عقیدے سے کوئی تعلق نہیں بلکہ ان کی سوچ براہ راست جیسا کہ میں نے اوپر کہا اُن کے حسی اور ذہنی تجربوں کی دین ہے۔ اپنے گرد و پیش کے عمل اور رد عمل کے نتیجے میں انہوں نے اس طرح سوچا اور اس طرح محسوس کیا ہے۔ تنہائی، عدم تحفظ زندگی کی بے معنویت، اخلاقی خلا، ذات کا کرائسس، فرد کی

گمشدگی، فنا کا خوف، حالات کی یکسانیت، مشینی زندگی کی جبریت، اقدار کی شکست و ریخت، آج کی زندگی کے ایسے محرکات و مسائل ہیں جو ہر باشعور آدمی کے دل و دماغ کو ایک طرح کی الجھن میں ڈالے ہوئے ہیں۔ شاعروں اور ادیبوں کی حساس طبیعتوں نے اِن باتوں کا کچھ زیادہ ہی اثر قبول کیا ہے۔ چنانچہ قدسیؔ کے یہاں بھی اس قسم کے محسوسات کا اظہار ملتا ہے اور بعض جگہ بڑی شد و مد کے ساتھ ملتا ہے۔ مگر خوبی یہ ہے کہ اُن کے یہاں یہ احساسات منفی نقطۂ نظر یا ناُامیدی کے تصورات پیدا نہیں کرتے۔ جدید شعرا کے یہاں یہ محسوسات نااُمیدی اور مایوسی کا پیش خیمہ ثابت ہوتے تھے اور زندگی اُن کے یہاں اپنی معنویت ہمیشہ کے لئے کھو چکی تھی۔ قدسیؔ کی شاعری جدیدیت سے اسی لئے بر سر پیکار نظر آتی ہے کہ ان کی شاعری زندگی کے منفی رویوں کی شاعری نہیں ہے۔ کہیں کہیں اس طرح کا لمحاتی احساس ان کے یہاں ضرور ابھرتا ہے۔ لیکن یہ احساس جب فکر و تامل کی منزلوں سے گزرتا ہوا کیف جذبی اور عاطفہ بن کر شعر میں نمودار ہوتا ہے تو مثبت رویے میں بدلا ہوا نظر آتا ہے۔ اُن کے پاس ایسی قوت کا عقیدہ ہے جو مصائب کے بعد انسان کو بشارت کی ضمانت دیتا ہے۔ یاس کے اندھیرے میں امید کی چاندنی چٹکاتا ہے اور زندگی کی بے معنویت کو تازہ معنویت عطا کرتا ہے۔

یادوں کے سبز پودے لگانے دو مجھ کو تم
کشتِ امید کے ہیں یہ اسباب دیکھنا
کیسے پرواز فکر میں ہو جمود
ہیں ابھی فن کے بال و پر تازہ
تیرہ و تار لیلیِ شب سے
پھوٹتی ہے نئی سحر تازہ

شب سیاہ میں سورج اُگانے والا میں
جہاں میں نور کا غازہ اڑانے والا میں
بپا ہے کیسا تصادم یہ نور و ظلمت میں
ہویدا دن سے ہے شب اور دن بھی شب سے ہے
یہ راز کھُل کے بھی ہے ہر بشر سے پوشیدہ
عجب تعلقِ غم جادۂ طرب سے ہے
کشتیاں غرق ہوئیں ظلمت کی
ابر قی بحر سے چمکا خنجر
مظالم کے دشت برہنہ میں رہ کر
تحمل کا برگ و شجر بیچتا ہوں
غم کا لبادہ اوڑھ کے آؤ نہ تم ادھر
ہر برگ گل چمن کا ہے شاداب دیکھنا

مثبت افکار اور امید کی کرنوں سے معمور یہ وہ ذہن اور عقیدہ ہے جس نے بھیانک سے بھیانک حالات میں بھی زندگی کو قدسی کی نظر میں مہمل، لغو اور عذاب نہیں بننے دیا۔ اس عقیدے اور یقین نے ان کی شاعری میں جس طرح جگہ بنائی ہے اور اپنے فکر و فن میں انہوں نے اسے جس طرح برتا ہے وہ ثبوت ہے کہ شاعر ایک صالح اور نورانی طرز زندگی کا حامل ہے۔ اور ثبوت اس کا بھی ہے کہ علم و فضل، قرآن و سنت اور الہیات کی قوت نے اُن کی عام فکر کے ساتھ زندگی کے متعلق محسوسات کو بھی مثبت، روشن اور صحیح راہ دکھانے میں پورا تعاون پہنچایا ہے۔ قدسی کی شاعری وجدانی اور فکری گہرائیوں کی شاعری ہے۔

اردو شاعری کی روایت گواہ ہے کہ حقیقی شاعر دکھوں کے ناقابل برداشت بوجھ اپنے کندھوں پر اٹھاتے ہیں۔ اپنے لہو سے اپنے کلام میں رنگ بھرتے ہیں۔ زمانے بھر کی تلخیاں اور زہر اپنے بدن میں اتارتے ہیں اور اپنے آپ کو جلا کر آبادیوں کو روشن کرتے ہیں۔ احساس اور جذبے کی اس اندوہناک کیفیت کے بطن سے شاعری کی روشنی پھوٹتی ہے۔ شاعروں کے سینے سوز نہاں کے آتشکدے ہوتے ہیں اور جب وہ سوز نہاں معرض وجود میں آتا ہے تو معانی کے طلسمی خزانے بے نقاب ہوتے ہیں۔ قدسی کی شاعری بھی معانی کے طلسمی خزانوں سے مالامال ہے۔ شرط یہ ہے کہ علامتوں، پیکروں اور استعاروں کی چادر میں لپٹے اِن خزانوں کو تلاش کرنی کی سعی کی جائے۔ برہنہ پیڑ، لباس زرد، چادر آلام، برہنہ خنجر، افسردہ شاخِ زخم، سورج کا تیر، ستاروں کا داغ، غموں کا برق، درندے کرب کے، جبر کا سانپ، شر کا ناگ، خوف کی جھاڑیاں بوسیدہ کفن اور حیرت زدہ شاہین جیسے پیکروں، استعاروں اور ترکیبوں کے علاوہ پتنگے، کوہ، جھینگر، چھپکلی، پرندہ، عقاب، زلزلہ، برق، باد اور جھاگ جیسی علامتوں سے جو کشف ظاہر ہوتا ہے وہ ایک ایسے تہذیبی احساس کی خبر دیتا ہے جو بتاتا ہے کہ ہمارا تہذیبی تصور جامد ہو چکا ہے اور وہ تہذیب جس کے ہم وارث ہیں اپنی اصل زندگی متواتر گنوا رہی ہے۔ قدسی کی شاعری میں منعکس ہونے والی تہذیب بیسویں صدی کا عطیہ ہے۔ بیسویں صدی جو جنگ و جدل اور ہلاکت آفرینی میں اپنا ثانی نہیں رکھتی۔ زر پرستی اخلاقیات کے برج الٹا چکی ہے، اغراض اور ذاتی مقاصد رشتوں کی قلب ماہیت کر چکے ہیں، انسان کیڑے مکوڑوں کی عادتیں اختیار کر رہے ہیں۔ اور جانوروں کی جبلتیں اپنا چکے ہیں۔ ایسا لگتا ہے قدسی نے دنیاوی بدیوں اور شیطنتوں کو صوفیا کی داخلی آنکھوں سے دیکھنے کا جتن کیا ہے۔ وہ تخلیق ادب کے عصری تقاضوں سے باخبر ہیں۔ اس لئے ان کی شاعری نئے اخلاقی اور انسانی اسباق کا خزینہ سمیٹے

ہوئے ہے۔

گلزار روایت سے ذرا ذہن کو موڑو
جدت کے بیابان میں اشجار بہت ہیں

بالیدگیاں روح ادب میں تو سمیٹو
اسلاف کے اس ہند میں آثار بہت ہیں

جسم جب بادل کا سادہ ہو گیا
ذہن کا سورج کشادہ ہو گیا

ہو رہی تھیں پیڑ کی ساری دکانیں برہنہ
پر درندے سو رہے تھے جنگلوں کے شہر میں

ٹپکتا تھا اس حسن کا تتلیوں سے
گلابوں کا بازار بے آبرو تھا

حملہ کیا تھا برہنہ خنجر سے باد نے
افسردہ شاخ زخم پہ اک سرخ زاغ تھا

ہر اک خوف کی جھاڑیوں میں چھپا ہے
یہاں جبر کا سانپ یوں رینگتا ہے

مقفل یقیں کا ہے دروازہ قدسی
سگِ وہم کیوں رات بھر بھونکتا ہے

خیر کے ساحلوں میں عجب سوز تھا
شر کے تالاب کی مچھلیاں جل گئیں

آشیانوں میں طائر سبھی شاد تھے

اک کبوتر ہوا کے عذابوں میں تھا

لباس سرخ میں ملبوس انار لگتا ہے

کبوتروں کی ہوس کا شکار لگتا ہے

درس پرواز میں مسرور ہیں سارے طائر

کیونکہ مٹتی ہے عقابوں کے پروں کی تحریر

پُشت سے گذرے کتنے پتنگے مگر

زندگی سے الجھتی رہی چھپکلی

بشر کی پیاس بشر کے لہو سے بجھتی ہے

جہاں میں کیا یہی خونی رواج پہلے تھا

اس سے قطع نظر یہ کہ قدسی کے عہد کا سماجی سیاسی، معاشی، اخلاقی اور نفسیاتی منظرنامہ کن عناصر کا مجموعہ ہے؟ یہ بھی چھوڑیئے کہ قدسی کی امیجری اور علامتوں کے پس منظر میں آمریتوں، طبقاتی تفاوتوں، انسانی خود غرضیوں اور سماجی افراتفریوں نے کیا کردار ادا کیا ہے۔ یہاں فی الحال یہی کافی ہے کہ ہمارے عہد کا یہ صاحبِ بصیرت شاعر ہمارے عہد کی بے ضابطگیوں، بے ربطیوں اور بے اعتدالیوں کی تصویر کشی میں یکتا اور منفرد ہے۔ اس کی شاعری ہمارے خوابوں، تمناؤں، امیدوں اور بشارتوں کا پر تو لئے ہوئے ہے۔ جمال دوست کی مدح سرائی سے وصل بہار تک کی ثناخوانی اس کے شاعرانہ مزاج کی نقیب ہے۔ وہ مزاج جو دشمنوں کے درمیان دوستوں کی تلاش کرتا ہے اور جو انسانی صورتوں کو بگڑتے دیکھ کر انسان کو انسان کے روپ میں دیکھنے کی دعا کرتا ہے۔

کسی شاعر کو پڑھنا، پسند کرنا، اس سے زندگی کے رویّے سیکھنا اور چیز ہے اور کسی شاعر میں اس قوت کا ہونا کہ وہ پڑھنے والے کو اپنے لینڈ اسکیپ میں شامل کرلے اور

اپنے خواب میں اسے شریک کرلے ایک اور نوعیت کی بات ہے۔ قدسیؔ کی شاعری ایک ایسے ہی منظر میں اور ایک ایسے ہی خواب میں واقع ہے جہاں کنول کا ایک پراسرار پھول نئے جہانوں کی تخلیق کرتا ہے اور فراموش خوابوں کو یاد دلاتا ہے۔ یہ شاعری کی وہ قسم ہے جس سے یا تو ہماری ملاقات نہیں ہوتی یا ہوتی ہے تو مکمل طور پر ہوتی ہے۔

تیسرا رنگ: قدسیؔ کی شعری کائنات کا تیسرا آسمان ان کی نظموں سے منور ہے۔ یہ آسمان اہل علم سے اب تک پوشیدہ اس لئے تھا کہ انہوں نے اس کی اشاعت پر توجہ نہیں دی۔ اب جب کہ نظموں کا مجموعہ "لمحہ لمحہ" مسودہ کی شکل میں زیر نظر ہے اُن کی نظموں کا ایک اور جہان میرے سامنے آیا ہے اور اپنی متنوع خوبیوں سے مجھے حیرت زدہ کر رہا ہے۔ عہد حاضر میں "نظم گوئی" کس قدر اہمیت کی حامل ہے اسے بتانے کی چنداں ضرورت نہیں۔ حالیؔ نے مقدمہ شعر و شاعری میں شاعری کے جس رنگ روپ کی وکالت کی تھی آج اس کی اہمیت نسبتاً زیادہ محسوس کی جارہی ہے کیونکہ بگڑتے معاشرے اور دم توڑتی ہوئی قدروں کی اصلاح اور زندگی کا ذریعہ موضوعی نظمیں ہی ہو سکتی ہیں۔ جس تسلسل اور تاثراتی وحدت کے ساتھ نظم میں کسی موضوع کو پیش کیا جا سکتا ہے غزلوں میں نہیں۔ اس لئے قدسی نے جب نظموں کی طرف توجہ کیا اُنہیں اپنے افکار اور پیغامات کی ترسیل کا زیادہ بہتر موقع میسر آیا۔ قدسی خطیب ہیں اور اسلامی و تاریخی شعور سے پوری طرح بہرہ ور، اسلئے اُن کی نظموں میں "بیانیہ" اسلوب حاوی ہے۔ یہ نظمیں اُن کی غزلوں کی طرح علامتی استعاراتی یا تمثالی نہیں ہیں، ان میں تفصیل، سنجیدگی اور دردمندی کے ساتھ ترسیلی اسلوب میں بات کرنے کا انداز پایا جاتا ہے۔ الفاظ، تراکیب، تشبیہات اور استعارے بھی غزلوں کے مقابلے میں زیادہ سلیس وسادہ اور رواں دواں استعمال کئے گئے ہیں۔ یعنی نظموں میں عصری حوالہ زیادہ واضح، روشن اور صاف ہے اور

زبان بول چال کی زبان سے زیادہ قریب ہے۔

قدسی کے یہاں عام طور سے دو قسم کی نظمیں ملتی ہیں۔ ایک وہ جو موضوع یا معنی کو سامنے رکھ کر وضاحتی انداز میں لکھی گئی ہیں یعنی جو ایک مخصوص معنی تک ذہن کی فوری رسائی کروا دیتی ہیں۔ اور دوسری وہ جن سے معانی بر آمد ہوتے ہیں یعنی اُس کی تہہ داری قارئین کے فرق کے ساتھ معانی میں فرق بھی پیدا کر سکتی ہے۔ یعنی پہلی قسم کی نظم اکہری معنویت کی حامل ہے جبکہ دوسری قسم کی نظم کثیر المعنویت کی حامل ہوتی ہے۔ جب متعین موضوع پر نظم کہی جائے گی تو اس کی طوالت توضیحی ہو گی۔ ایسی نظموں میں پیدا ہونے والی تکرار اسی توضیح کی دین ہوتی ہے۔ جبکہ دوسری قسم کی نظم ایک تربیت یافتہ قاری کا مطالبہ کرتی ہے۔ فارم کی سطح پر بھی یہاں عروضی ارکان کی تکرار سے زیادہ آہنگ پر توجہ دی گئی ہے۔

پہلی قسم کی نظموں میں بہار اسلام، حسن خلق، یوم آزادی، کامیابی کا راز، خونی الیکشن، ربیع الاول، جیسی بہت ساری ایک موضوعی نظمیں ہیں۔ جن میں کسی بات کو نثر کی بجائے نظم کی شکل میں پیش کرنا کافی سمجھا گیا اور بس۔ جبکہ دوسری قسم کی نظمیں مثلاً منظر بے خودی، کتّا، صدائے محبت، مرکز، لہو کا منظر، کشیدہ حالات اور طوفان جور و جفا تعداد میں کم ہیں اس کے باوجود "بقامت کہتر بقیمت بہتر کی مثال پیش کرتی ہیں ان میں معنی کی تہداری اور آہنگ قاری کو اُن کی غزلوں کی طرح ہی اپنی طرف متوجہ کر لیتی ہے اور گنجینۂ معنی کا طلسم ثابت ہوتی ہیں۔ صرف ایک نظم "منظر بے خودی" ملاحظہ کیجئے۔

ایک شب
چار سو تھا خموشی کا راج
تیرگی قطرۂ خوں اگلتی رہی

میں دبے پاؤں چلتا رہا
یک بیک
دیکھتے ہی قدم منجمد ہو گئے
دل کی باچھیں مری کھل اُٹھیں
ایک دیپک نظر میں منور ہوا
اور فضا
تربتر ہو گئی چاندنی سے مگر
میں تجسس کا پیکر بنا چاند کو دیکھتا ہی رہا
جیسے اِک گمشدہ شئے تھی اس میں نہاں
میری یادوں کی شبنم ٹپکتی گئی
گویا میری ادا تھی عجیب و غریب
چاند بھی دیکھ کر مجھ کو ہنستا رہا
پھر یہ بارش تخیل کی ہونے لگی
میں نے سوچا کہ کیا میں ہوں کوئی چکور
پھر جو دیکھا ہے مڑ کر کھڑی تھی سحر

نظم گوئی کا یہ انداز ایک طرف ذاتی تجربے اور مشاہدے کا عکس ہے تو دوسری طرف مختلف زبانوں کے اعلیٰ ادب سے مکالمے کا نتیجہ ہے۔ جذبے کی سادگی سیدھے سادے مگر لطیف الفاظ کی مدد سے برجستہ ادا ہوئے ہیں۔ قاری ایسے لفظوں سے مسحور ہو کر معنی کو گرفت میں لیتے ہوئے ایک انبساط والی کیفیت محسوس کرتا ہے۔ قدسی کی ایسی نظم غزل کے ایک شعر کی طرح ہو جاتی ہے۔ اس کی وجہ یہ بھی ہو سکتی ہے کہ قدسی کو

نظموں کے مقابلے میں غزلوں سے زیادہ لگاؤ ہے۔ اور غزلوں میں ان کی شناخت کے امکانات قدرے روشن نظر آتے ہیں۔ مگر ایسا بھی نہیں ہے کہ اُن کی نظموں کو نظر انداز کر دیا جائے۔ اُن کی نظموں سے رغبت کو سراہا جا سکتا ہے۔

قدسی کی نظمیں یوں تو اُن کی زندگی سے وابستہ مختلف موضوعات کا احاطہ کرتی ہیں لیکن بالواسطہ طور پر انسانی رشتوں کی شکست و ریخت، سماجی زندگی کی ناقابل برداشت باتیں، روایت اور تہذیب کی شکستگی، مادیت اور مغربیت سے پیدا ہونے والے فکری فساد، فرقہ وارانہ منافرت اور روزمرہ کے تجربات کو فن کی شکل دیتی ہیں۔ اور بڑی فنکاری سے ہر تجربے کے پس پُشت ایک فکر، ایک درس اور ایک سبق پیش کر دیتی ہیں۔ گویا قدسی معنی کی ترسیل کے بجائے پیغام یعنی میسیج کی ترسیل پر یقین رکھتے ہیں۔ اور نظموں کے تعلق سے اُن کا یہی نظریۂ فن ہے۔ انہوں نے فکری و عملی پیغام ہو یا واردات و کیفیات قلبی اور درون انسانی میں چھپے ہنگامے، سب کو کنایاتی اور علامتی الفاظ کے بجائے واضح طور پر سلیس زبان میں پیش کرنا مقدم جانا ہے اور زندگی کے معاشرتی، اخلاقی اور اصلاحی پہلوؤں پر روشنی ڈالنے کی کوشش کی ہے۔ مثال کے طور پر میں یہاں ان کی ایک مشہور نظم "کتا" پیش کرنا چاہوں گا۔

ہے نجاست سے لبریز کتا مگر
اس کے انداز عشق و وفا کی مثالیں نہیں
اس کے اندر ہے جذبہ وفا کا نہاں اس طرح
مسکراتے ہوئے جان دے دے گا لیکن
نہیں دیکھ سکتا کہ مالک پہ آئے کسی قسم کی آنچ چشم زدن کے لئے
اپنے مالک کی اور اس کے اہل و عیالِ مکاں کی حفاظت کی خاطر

شب و روز ہر پل وہ تیار رکھتا ہے خود کو

اسے دھوپ، بارش نہ طوفاں کی کوئی ہے پروا

فکر ہے تو فقط اپنے مالک کی ہی فکر ہے

بس یہی اک سبب ہے

نجس جانور سے ہر اک پیار کرتا تھا، کرتا ہے، کرتا رہے گا

اگر دورِ حاضر کا انساں

سبق لے لے کتے سے راہِ وفا کا

سمٹ آئے گی اس کے دامن میں کونین کی ہر خوشی"

یہ نظم جس معاشرے اور جس تہذیب کی عکاسی کر رہی ہے وہ بیسویں صدی کا عطیہ ہے۔ انسان جانور بن چکا ہے۔ خود غرضی، کمینگی، غاصبانہ ذہنیت، مکاری، دغا بازی اور بد اخلاقی نے حقیقی انسان کا چہرہ مسخ کر کے جانور سے بدتر بنا دیا ہے کہ اب اُسے اپنا اصل چہرہ حاصل کرنے کے لئے جانوروں سے درس لینے کی ضرورت پڑ گئی ہے۔ شاعر اس بد نما انسان کی تصویر پیش کر کے قاری تک اُس تصور کو پہنچانا چاہتا ہے جسے اس کی آنکھیں دیکھتی ہیں۔ وہ کتے کی خوبیاں اور صفات پیش کر کے قاری کو نہ صرف درسِ عبرت دیتا ہے بلکہ نئی تہذیب کے بگڑتے خدوخال کی جانب متوجہ بھی کرتا ہے۔

قدسی فرد یا معاشرے ہی نہیں اپنے وطن کے حالات پر بھی گہری نظر رکھتے ہیں۔ انہیں جہاں مادیت اور مغربیت کے رنگ میں رنگا فرد کا چہرہ مخدوش نظر آتا ہے وہیں نفرت اور بغض و عناد کے شعلوں میں گھرا اپنا ملک بھی اُنہیں اچھا نہیں لگتا۔ وہ فرد کی طرح ملک کے بگڑتے خدوخال پر بھی غمگین اور اداس نظر آتے ہیں۔ اُن کی کچھ نظموں مثلاً یوم آزادی، خونی الیکشن، لہو کا منظر اور "کشیدہ حالات" وغیرہ میں ایک گہرے ہڑی

تک اتر جانے والے دکھ کے ساتھ اپنے وطن کی تقدیر پر سوچنے کا جو جذبہ پوشیدہ ہے وہ قدسی کو وطنی شاعری کرنے والوں سے زیادہ ملک و قوم کا شاعر بناتا ہے۔ قدسی کے ہاتھوں میں نہ حُبِ وطن کا کوئی پرچم ہے اور نہ کوئی نعرہ اس کے باوجود ان کی نظموں میں حسن و محبت کے رنگوں اور نیرنگیوں سے زیادہ قومی اور وطنی زوال پر گھنی اداسی کی فکر انگیز پرچھائیاں لرزاں ہیں۔ "خونی الیکشن" کا ایک بند دیکھئے جس میں قدسی اپنے ملک کے بدلتے نظام پر ماتم کناں ہیں

"جوں ہی آیا زمانہ الیکشن کی ہنگامہ آرائیوں کا
ہوئے سارے اشرار یکجا
میٹنگیں ہوئیں کو بہ کو خفیہ انداز میں
ایسے بھڑکائیں شعلے فسادات کے
سارا ماحول آتشکدہ بن کے رہ جائے پل میں
کسی کو خبر کالے کرتوت کی ہو نہ پائے
سمجھنے لگیں سب کے سب
ناگہاں ہو گیا رونما حادثہ
سازشیں تھیں بہت
آن کی آن میں کشت و خوں کا ہوا گرم بازار ہر سو
گھروں میں لگائی گئی آگ بے دردیوں سے کہیں
اور کہیں لاش ہی لاش کے ڈھیر آئے نظر
اور گلیوں میں بہتی تھی ندی لہو کی
دھواں ہی دھواں چھا رہا تھا فضاؤں میں ہر سو"

الیکشن کی یہ تصویر وہ شخص پیش کر رہا ہے جو وطن سے دور ہے مگر پھر بھی وطن کی ہر صبح و شام پر گہری نظر رکھتا ہے اور جب اسے جمہوری نظام کی یہ المناک تصویر دکھائی دیتی ہے تو وہ بے بسی پر رو دتیار ہے کیوں کہ وطن کے لئے کڑھنا بھی عین عبادت ہے۔ قدسی نے اپنے وطن کے آشوب اور اپنی قوم کے مصائب کو سیاسی یا سائنسی فارمولوں کی روشنی میں دیکھتے ہوئے اپنے دکھی دل کی بے چینی کو آشکارا کیا ہے۔ اسی کرب کو "یوم آزادی" میں یوں دیکھا جا سکتا ہے

یوم آزادی کی خوشیاں
روشنی آزادیوں کی ہر طرف ہے بے نشاں
دیکھئے کنیا کماری سے حسیں کشمیر تک
شیطنت کی حکومت
شادماں عریانیت حسنِ تمدن بے نقاب
اور سلگتی ہے یہاں انسانیت کی آبرو
ظلم و استبداد کا بازار ہر سو گرم ہے
بہ رہا ہے ہند میں معصوم کلیوں کا لہو
بستیاں آتش زدہ
آبادیاں مفقود ہیں
مفلس نالاں، رئیسی رقص میں مصروف
اور رہبر!
رشوتوں کے انبساط و کیف میں سرشار ہے
بربریت کی بنا اور رہزنوں کا باپ ہے

رہبری کے نام پر یہ بدنما اک داغ ہے
کیا یہ آزادی ہے اور ہندوستاں آزاد ہے؟

قدرت کے خارجی مناظر پر اردو میں بے شمار نظمیں لکھی گئی ہیں قدسی نے بھی ایسی نظمیں لکھی ہیں مگر صرف اُن کی خوب صورتی بیان کرنے کے لئے نہیں۔ بلکہ اُن کے یہاں خارجی کائنات انسان کی باطنی کائنات کا ایک ناگزیر حصّہ بن کر سامنے آئی ہے۔ اُن کی نظمیں دیکھئے تو فوری تاثر یہ ہو گا کہ شاعر اپنے مشاہدے کے کمالات دکھا رہا ہے مگر پھر یکایک آپ کو معلوم ہو گا کہ اِن درختوں شاخوں، پہاڑوں، پھولوں، دریاؤں، گھروں اور گلیوں میں سے ایک ایک میں ایک نہ ایک نہایت نازک مگر بنیادی انسانی جذبہ یوں گھلا ہوا ہے جیسے رنگ میں خوشبو گھلی ہوتی ہے۔ قدسی کی شاعری محض مشاہدے کی شاعری نہیں ہے۔ مشاہدات اُن کے محسوسات کا صرف پس منظر فراہم کرتے ہیں۔ احساس کا یہ منقش اظہار قدسی کا منفرد اسلوب ہے۔ یہ محض شاعری نہیں صداقت بیانی ہے جو آخری سچائی کی سمت جانے والوں کے سفر کو آسان اور آسودہ بنا دیتی ہے۔

"بڑا خوب صورت علاقہ تھا وہ
رقص کرتی نظر آ رہی تھی خوشی ہی خوشی ہر طرف
کیونکہ زرخیز تھی اس کی مٹی بہت
اس کے کھیتوں میں ہریالیوں کی ضیائیں تھیں پھیلی ہوئی
جا بجا پیڑ پودوں کی لمبی قطاریں تھیں رخشاں
گلوں کی مہک سے معطر تھی ساری فضا
بادِ صرصر نسیم اور صبا کا رہا دور دورہ ہمیشہ
بہاروں کے ضوبار لمحات تھے دیدنی

اور خزاں
ڈر سے لرزہ براندام تھی (طوفان جور و جفا)
درختوں کی لمبی قطاریں
بڑی خوش نما لگ رہی تھیں
کہ جیسے ریتلی زمیں پر ہوں اونٹوں کی دلکش قطاریں
ہر شجر میں تھیں شاخیں ہری ہی ہری
اور ہر شاخ میں
مسکراتے تھے سرسبز و شاداب پتے
کبھی ان کو جھولا جھلاتی تھی بادِ صبا
تو کبھی بادِ صرصر
انہیں گود میں لے کے خوشیوں سے سرشار آتی نظر
اور کبھی سرد جھونکے نسیم سحر کے
لئے اپنے ہاتھوں میں سرگوشیاں کرتے رہتے
جب آتا بہاروں کا موسم
مسرت سے کھل اٹھتیں سارے درختوں کے چہروں کی رنگت
حسیں سے حسیں تر گل خندہ رو دعوتِ دید دیتے"۔ (مرکز)
چٹان کے جگر میں بنی ہے یہ رہگزر
ذہنوں کا حسن کار پہاڑوں کا سلسلہ
ٹکرا رہا ہے ابر پہاڑوں کی کوکھ سے
پیاسوں کا ہے قرار پہاڑوں کا سلسلہ (پہاڑوں کا سلسلہ)

اگر قدسی اپنے ہم عصر شعرا سے کچھ الگ ہٹ کر آگے بڑھے ہیں تو اس کی وجہ ان کی تیز دھار انفرادیت ہے جو پھیل کر انانیت تک پہنچ جاتی ہے۔ مگر قدسی کی انا خاص واردات، خاص تجربات کی انا ہے۔ چنانچہ اس انا کے اجمال میں لاکھوں باشعور اور حساس افراد کی تفصیل پوشیدہ ہے۔ ان کی نظمیں بظاہر بہت سلیس اور سیدھی سادی ہیں مگر بین السطور اتنی گمبھیر ہے جیسے "انا الحق" کا نعرہ بظاہر بہت سادہ تھا مگر اس کے عقب میں انسان کی روحانی اور وجدانی واردات کی کائناتیں آباد تھیں۔

قدسی کے دل و دماغ میں بیشتر ماضی کی یادیں تحریک پیدا کرتی ہیں۔ مگر یہ یادیں اتنی تابندہ اور پاکیزہ ہیں کہ ان کی بازیافت میں نہ حال کو کسی گزند کا احتمال ہے اور نہ مستقبل کو کسی نقصان کا خطرہ ہے۔ جو چیز خیالات و احساسات کو روشن کرتی ہو اور انسان کے دوامی جذبوں پر آفتاب طلوع کرتی ہو اس کی ضرورت حال اور مستقبل دونوں کو ہے۔ قدسی انہیں مثبت، روشن اور منور بازیافتوں کے شاعر ہیں۔ ثبوت کے لئے آپ ان کی ڈھیر ساری نظمیں مثلاً ممتا کا خواب، عید مبارک، شادی، دل کا آنگن، صدائے محبت، ربیع الاول، سخاؤں کا سمندر، سرکار منور، خانقاہ برکاتیہ، شاہ دریا، یادوں کی بوچھار، حافظ ملت، اڑیسہ کے مفتی اعظم، سوغات محبت، ہر ادا ہے تابندہ، میرا اقرار، رخشندہ میری اور داستان قلب وغیرہ مطالعہ کرسکتے ہیں۔ یہاں صرف چند اشعار دیکھئے:

تخئیل کی ریتوں میں شکستہ سا قدم ہے
یادوں کی ہے بوچھار سراسیمہ قلم ہے
کیا ہم کو مٹائیں گے جفاؤں کے شرارے
سینے میں ہمارے تری روداد رقم ہے
آندھی ہیں مظالم کی عزیمت کی ضیائیں

یوں عشق کا آکاش ترے قلب میں ضم ہے
(یادوں کی بوچھار)

قدسی کا تاریخی شعور بہت پختہ ہے۔ اسلامی تاریخ اور انسانی اقدار کی خوشبو اُن کی نظموں کو نئی روشنی اور نئے رنگ آہنگ سے معطر کرتی ہے۔ اُنہوں نے تلمیحاتی انداز میں تاریخی واقعات کی طرف اشارہ ہی نہیں کیا، بلکہ تاریخ کے کسی واقعے یا واردات کو قصے کے پیرائے میں نقل کر دیا ہے تاکہ وہ واقعہ نہ صرف قاری کو مطلع کرے بلکہ اُس کے ذہن و دل پر اپنے اثرات بھی قائم کرے۔ مورخ اور شاعر کے طریق بازیافت میں یہی تو فرق ہے کہ مورخ کی بازیافت محض بازیافت ہے۔ شاعر کی بازیافت فن میں ڈھل کر پیش رفت کا کردار ادا کرتی ہے۔ جذبے، خیال اور فکر کے لئے آخری حقیقت کی سمت نمائی صرف اسی طرح ممکن ہے اور قدسی اس طریقہ کار سے مکمل طور پر واقف نظر آتے ہیں۔ بہار اسلام، حُسن خلق، پر کشش شخص، قدیم رشتہ، نرالی آرزو، اور پہلا مسلماں، وغیرہ نظمیں اس کی عمدہ مثال ہیں۔ نظم "پر کشش شخص" کے محض چند ابتدائی مصرعوں پر ایک نظر ڈالئے، تاریخ کو کس خوب صورتی اور شاعرانہ رنگ و آہنگ کے ساتھ فن کے قالب میں ڈھالا گیا ہے اس کا اندازہ ہو جائے گا۔

"بڑا پر کشش شخص تھا وہ
برستے تھے انوار چہرے سے اس کے
فصاحت کے موتی چمکتے تھے ہونٹوں پہ اس کے
حلاوت سے لبریز تھی اس کی بولی
جو اک بار ملتا وہ ہو جاتا دیوانہ اس کا
وہ دراصل کونین کی رحمت کاملہ بن کے آیا تھا دنیا میں رشد و ہدایت کی خاطر"

قدسی شاعر کے ساتھ عالمِ دین، صوفی اور متشرع شخصیت کے حامل ہیں اس لئے اصلاحی مذہبی اور اخلاقی ذہن و فکر رکھتے ہیں۔ میں نے پہلے بھی ذکر کیا ہے کہ وہ صرف عالمِ دین نہیں بلکہ عاشق رسول ہیں اور ان کا عقیدہ ہے کہ نعتوں میں کھوئے رہنا عبادت ہے زندگی

اس لئے بنیادی طور پر وہ نعت گوئی کو سب سے زیادہ محبوب رکھتے ہیں اور ناعت کہلانا ہی پسند کرتے ہیں۔ یہی وجہ ہے کہ نہ صرف نعتوں میں بلکہ غزلوں، نظموں ہائکو اور تکونیوں وغیرہ، میں بھی اُنہوں نے مدحت رسول کے گل بوٹے بکھیرے ہیں۔ اِس لحاظ سے قدسی کا ایک اور امتیاز سامنے آتا ہے کہ انہوں نے نعت کے لئے فارم کی قید نہیں رکھی ہے، جس صنف میں بھی قلم اُٹھایا اُس میں نعت گوئی سے وسعت پیدا کر دی ہے۔ اُن کی نظموں پر بھی اِس کا گہرا اثر ہے۔ بلکہ بہت ساری نظمیں تو خالص نعتیہ ہیں جیسے حسنِ خلق، پر کشش شخص، ربیع الاول، تبلیغ سیرت وغیرہ جن میں سیرت رسول کے مختلف گوشے بڑے پر خلوص اور جذباتی انداز میں پیش کئے گئے ہیں۔ یہی نہیں قدسی نے رسول اکرم کی زندگی اور افکار مقدسہ پر عمل پیرا عاشقانِ رسول کی منقبتیں بھی لکھی ہیں جن میں قدسی کے مسلکی افکار و نظریات کی جھلک ملتی ہے۔ جیسے مسلک اعلیٰ حضرت، شبیر کے بغیر، غوث اعظم، سخاؤں کا سمندر، امام احمد رضا خان، صدر الشریعہ، شبیہ غوث اعظم، مجاہد ملت، حافظ ملت، اڑیسہ کے مفتی اعظم اور شاہ دریا وغیرہ۔ اِن میں مختلف بزرگان دین کی زندگی اور افکار کی پرچھائیاں ہی نہیں اُن شخصیتوں سے شاعر کی عقیدت و محبت کی خوشبو بھی محسوس کی جاسکتی ہے۔

غرض کہ سید اولاد رسول قدسی کی نظمیں جدیدیت سے فلسفۂ حیات تک، زندگی کی پیچیدگیوں سے سادگیوں تک، بین الاقوامی کرب و اضطراب سے لے کر اپنی دھرتی کی

سیاسی سماجی اور اقتصادی زبوں حالی تک نعت رسول سے منقبت بزرگان دین تک، معاشرتی مسائل سے ذاتی درد و کرب تک نیز سنجیدگی سے لے کر طنزیہ اور مصلحانہ انداز بیان تک ایک وسیع علاقے کا احاطہ کرتی ہیں۔ اردو نظم سے فکر و فلسفہ کا عنصر رفتہ رفتہ عنقا ہوتا جا رہا ہے۔ بیشتر شعرا لب و لہجہ کی انفرادیت کے پیچھے دوڑ رہے ہیں۔ ایسے میں قدسی جیسے شعرا کو دیکھ کر مسرت ہوتی ہے جو حیات و کائنات، جبر و قدر، عروج و زوال، مکاں و لامکاں اور مادیت و مغربیت کے مسائل پر شاعرانہ انداز میں غور و فکر کر رہے ہیں۔

آخر میں قدسی کی ایک خوب صورت نظم کا ذکر کر کے اپنی گفتگو ختم کروں گا جو مجھے بہت پسند آئی اور وہ ہے اُن کا "سلام"۔ سلام بر حضور خیر الانام صلی اللہ علیہ و سلم لکھنے والے شعرا کی تعداد کثیر ہے، مگر اردو میں چند ہی سلام ایسے ہیں جنہیں مقبولیت دوام حاصل ہوئی۔ اُن میں امام احمد رضا خاں علیہ الرحمہ کا سلام "مصطفیٰ جان رحمت پہ لاکھوں سلام" اور حفیظ جالندھری کا سلام "سلام اے آمنہ کے لال اے محبوب سبحانی" معرکتہ الآرا ہیں۔ قدسی کا سلام جو حفیظ جالندھری کی ہی زمین میں ہے ایسی ہی روانی لطافت اور کشش رکھتا ہے۔ چند اشعار ملاحظہ فرمالیں:

سلام اس پر جو آیا بن کے نور ذات یزدانی
سلام اس پر ہے روشن جس کی ہر سو شمع لافانی
سلام اس پر کہ جلوہ جس کا ہر اک شئے میں ہے پنہاں
سلام اس پر کہ جس کے نور سے ہے یہ درخشانی
سلام اس پر دو عالم میں ہے جس کا فضل بے پایاں
سلام اس پر دیا ہے جس نے ہم کو درسِ انسانی
سلام اس شاہ پر جو ہے انیسِ بے کساں قدسیؔ

سلام اس پر کرے جو دور ہر اک کی پریشانی

قدسیؔ نے "لمحہ لمحہ" میں موضوعات کے تنوع ہی نہیں ایک نئے نظام شعری خلق کرنے کی کوشش سے بھی متاثر کیا ہے۔ انہوں نے اسلوب لفظیات اور شعری مزاج میں اپنی غزلوں سے الگ منفرد رنگ و آہنگ پیدا کیا اور نظموں میں رنگ و آہنگ، روانی، تسلسل اور صاف شفاف پیرایۂ بیان کے تجربات کو کامیاب ثابت کر کے دکھایا ہے۔ سب سے بڑی بات یہ کہ انہوں نے مجموعے کی ترتیب و تدوین میں ایک خاص فکری رویے کو پیش نظر رکھا ہے اور اپنے حصار سے کہیں بھی تجاوز کرنے کی کوشش نہیں کی۔ اس امر نے مجموعے کی اہمیت کو بڑھایا ہے اور اُن لوگوں کے لئے خصوصی دلچسپی کا حامل ہو گیا ہے جو شاعری کو مجہولیت، انفعالیت، احساس شکست، مریضانہ انا، مردم بیزاری، مایوسی اور اداسی کے منفی رویوں کے خلاف ایک ہتھیار سمجھتے ہیں۔ قدسی نے اپنی نظموں کے ذریعہ صحت مند انسانی تصورات کی ترجمانی کی ہے اس لئے کہ وہ ایک شاداں و فرحاں اور روحانی و اخلاقی اعتبار سے منزہ سماج کی تعمیر و تشکیل میں علما، شعرا اور دانشوران کی ذمہ داریوں کا احساس رکھتے ہیں۔

اسلوب و اظہار کے پیمانے پر "لمحہ لمحہ" کو پرکھا جائے تو قدسی کی زبان و بیان پر قدرت کا معترف ہونا پڑے گا۔ ایسا لگتا ہے وہ جس خیال کو جس طرح چاہتے ہیں فنی پیکر میں ڈھال دیتے ہیں، اُن کا قلم کبھی عجز بیاں کا شکار نہیں ہوتا ہے۔ ان کی نظموں میں بالعموم آورد کے بجائے آمد کا احساس ہوتا ہے اور افکار و خیالات میں ایک نرم سیر دریا کے خوب صورت بہاؤ کی سی کیفیت ملتی ہے۔ وہ عقائد کے مشکل مقامات کو بھی بڑی آسانی سے نظم کا پیرایہ عطا کر دیتے ہیں اور اس طرح پیش کرتے ہیں کہ کوئی مبتدی بھی محظوظ ہوئے بغیر نہیں رہتا۔ سیرت نبوی کا بالا ستیعاب مطالعہ اور تاریخی حقائق سے

آشنائی اُن کی نظموں کو ندرت اور اعلیٰ اقدار کا حامل بنا دیتی ہے۔ اُن کا علمی پس منظر دینی ہے لیکن وہ شعر و ادب کو محض کسی سطحی مولوی کی نگاہ سے نہیں دیکھتے بلکہ وہ اقدار و معیار جو ہمیشہ ہی اسلامی نقطۂ نظر سے محترم رہے ہیں اُن کی عقبی زمین میں وہ اپنی تخلیقی جوت جگانے کی مہم میں لگے ہوئے ہیں۔

"لمحہ لمحہ "کا مطالعہ آپ کو بتائے گا کہ قدسی نظم کہنے کا ہنر تو جانتے ہی ہیں مستزادیہ کہ ان کے یہاں اپنی روایت، اردگرد، پس منظر، پیش منظر اور اپنے اسلاف سے جڑے رہنے کا جو تسلسل ہے وہ ان کی ارفع فنکاری کا سبب ہے۔ دوسرے یہ کہ وہ جزئیات پر جتنی گہری نظر ڈالتے ہیں اور خارجی کائنات کو داخلی کائنات سے جس طرح ہم آہنگ کرتے ہیں یہ اُن کے معاصر نظم نگاروں کے یہاں مفقود ہے، یعنی "لمحہ لمحہ " ہر اعتبار سے قدسی کی نظم گوئی کی صلاحیت اجاگر کرتا ہے۔ سہل اور سادہ اسلوبِ بیان کا یہ نظم نگار اپنے فکر و نظر کے اعتبار سے توجہ طلب ہے۔ مجھے یقین ہے کہ اگر تخلیقی عمل اسی طرح صیقل ہوتا رہا اور توضیحی انداز بیان پر تھوڑا سا قابو پالیا گیا تو بحیثیت نظم گو بھی اردو ادب میں قدسی کے امتیازات کی شناخت قائم ہو جائے گی۔

***

اقبالؔ کی شوخیاں

ڈاکٹر سید تقی عابدی

مرزا غالبؔ کو حالیؔ نے حیوان ظریف کہا ہے جو بجا ہے اور یہی ظرافت غالبؔ کو اپنے ہم عصر شعر گو حیوانوں سے ممیز بھی کرتی ہے۔ انسان اشرف المخلوقات کے ساتھ ساتھ اشرف حیوانات بھی شاید اِسی کمال کی وجہ سے ہو۔ ظرافت چونکہ داخلی اور ذاتی اپج ہوتی ہے اِس لئے یہ ہر حال اور ہر ماحول میں ظاہر نہیں ہوتی اگرچہ گاہی اوقات اس کی آمد اتنی شدید ہوتی ہے کہ وہ آتش فشاں لاوے کی طرح اُبلنے لگی ہے ورنہ عموماً اِس قوت تخلیقی سے صرف وہی افراد واقف ہوتے ہیں جو حضر و سفر درون و بیرون خلوت و جلوت داخل حرم اور محرم ہوتے ہیں۔

جسٹس جاوید اقبال "زندہ رود" میں لکھتے ہیں۔ "اقبالؔ کی طبیعت میں حاضر جوابی بذلہ سنجی اور ظرافت کوٹ کوٹ کر بھری ہوئی تھی اور ان کی علامات بچپن ہی میں ظاہر ہو گئی تھیں"۔ مثلاً سکول میں دیر سے پہنچے استاد نے پوچھا کہ دیر سے کیوں آئے ہو؟ جواب دیا۔ اقبالؔ دیر ہی سے آتا ہے۔ مشہور واقعہ ہے کہ ایک دفعہ جب اقبالؔ اپنے استاد مولوی میر حسن کے ساتھ بازار گئے تو مولوی صاحب کے کسی عزیز کا چھوٹا بچہ جس کا نام احسان تھا ساتھ ہو گیا۔ احسان بہت موٹا تھا مولوی صاحب نے اقبالؔ سے کہا کہ بچے کو گود میں اُٹھالو کچھ راستہ چل کر اقبالؔ نے اُسے دکان پر اُتارا اور تھکن دور کرنے لگے۔ مولوی صاحب

متوجہ ہوئے اور کہا اقبال اس چھوٹے بچے کو بھی اٹھانا تمہارے لئے مشکل ہے ؟ اقبال نے فوراً جواب دیا۔ "شاہ صاحب آپ کا احسان بہت سنگین ہے"۔

ہم نے اس مختصر تحریر میں علامہ کی ظریفانہ شاعری یا ظریف نثری نکات کو شامل نہیں کیا ہے جس پر علیحدہ مفصل گفتگو ہو سکتی ہے۔ اس مضمون میں ہم نے صرف علامہ کی گفتگو کے دوران جو ظرافتی جملے یا پھبتیاں کسی جاتی تھیں ان کا ذکر کیا ہے۔ افسوس کہ علامہ کو اپنے احباب میں کوئی ایکرمان نہ مل سکا اگر ان ظریفانہ مطالب کو قلم بند کیا جاتا تو شاید ایک ضخیم کتاب کا مواد حاصل ہو جاتا۔

مولانا ابو الاعلیٰ مودودی مطبوعہ 1938 رسالہ جوہر دہلی میں لکھتے ہیں۔ "اقبال کے متعلق عام خیال یہ ہے کہ وہ فقط اعتقادی مسلمان تھے عمل سے ان کو کچھ سروکار نہ تھا۔ اس بد گمانی کے پیدا کرنے میں خود ان کی افتاد طبیعت کو بھی بہت کچھ دخل ہے جن کی بنا پر اپنی رندی کے اشتہار دینے میں انھیں کچھ مزہ آتا تھا۔ ورنہ در حقیقت وہ اتنے بے عمل نہ تھے۔ قرآن مجید کی تلاوت سے ان کو خاصا شغف تھا اور صبح کے وقت بڑی خوش الحانی کے ساتھ پڑھا کرتے تھے۔ نماز بھی بڑے خشوع و خضوع سے پڑھتے تھے مگر چھپ کر"۔

کتاب "آئینہ اقبال" میں عبد الہ قریشی لکھتے ہیں کہ ایک دن اقبال کے دوست دین محمد فوق اقبال سے ملنے کے لئے آئے۔ اقبال اس وقت اپنے کتب خانے کے سامنے کھڑے ہو کر کچھ کتابوں کو الٹ پلٹ رہے تھے۔ فوق نے اقبال سے پوچھا۔ کیا ڈھونڈ رہے ہو ؟ اقبال نے فوراً جواب دیا ایک بوتل انگور کی شراب کی کتابوں کے پیچھے چھپایا تھا اُسے ڈھونڈ رہا ہوں کیوں کہ کل شمس العلما مفتی عبد اللہ ٹونکی میرے پاس آئے تھے کہیں مفتی صاحب اُسے اٹھا کر نہ چلے گئے ہوں۔ روایت اقبال میں عبد اللہ چغتائی لکھتے ہیں

کہ ایک بار میاں شاہ دین نے اپنے گھر ایک محفل ضیافت سجائی اور انگریز مہمانوں کے خورد و نوش کے لئے علیحدہ کمرے میں انتظام کیا تھا۔ خود میاں شاہ دین دروازے پر مہمانوں کا استقبال کر رہے تھے۔ جب میاں صاحب نے اقبالؔ کو مرزا جلال الدین کے ساتھ آتے ہوئے دیکھا تو مسکرا کر کہا کہ میں نے آپ دونوں کے لئے علیحدہ کمرے میں انتظام کیا ہے۔ اقبالؔ نے ہنس کر کہا ہم نے آپ سے صرف دو حرف سیکھے ہیں۔ ایک یہ کہ چھپا کر پیو اور دوسرے اپنے گناہ میں کسی کو شریک نہ کرو۔ اس طرح کے کئی شوخیانہ اور طنزیہ جملوں کو سُن کر دشمن اور کینہ صفت افراد نے اقبالؔ کو مے گسار ثابت کرنے کی کوشش کہ جس کا اثر کچھ اقبالؔ کے نادان حامیوں پر بھی پڑا چنانچہ عبد المجید سالکؔ نے ذکر اقبالؔ میں صفحہ (۷۱) میں لکھا ہے کہ اقبالؔ جوانی کے زمانے میں شراب پیتے تھے لیکن بعد میں اس کام سے توبہ کر لی اور پھر کبھی شراب کو ہاتھ نہیں لگایا۔ عبد المجید سالکؔ نے اپنے اس ادعا کے ذیل میں ۱۹۱۸ء کے ایک مشاعرے کا ذکر کیا جو للّی لاج میں برگزار ہوا تھا۔ اقبالؔ اس مشاعرے میں سب سے پہلے پہنچ چکے تھے۔ اقبالؔ نے سالکؔ کو دیکھ کر کہا کہ حقہ لاو۔ سالکؔ نے جواب دیا ڈاکٹر صاحب حقہ آپ کیوں نہیں چھوڑ دیتے؟ اقبالؔ نے مسکرا کر کہا کہ "دوست عزیز شراب تو چھوڑ چکا ہوں اور اب چاہتے ہو کہ حقہ بھی چھوڑ دوں"۔ سالکؔ لکھتے ہیں کہ اس جملہ کا کوئی شاہد اور گواہ نہیں ہے۔ کیونکہ اقبالؔ نے جب یہ جملہ کہا تو اُس وقت صرف میں ہی موجود تھا۔ بہر حال جس جملہ کا کوئی گواہ اور شاہد نہ ہو اور دوسری طرف ایک شوخیانہ طبیعت جو ہزار اشاروں میں بات کرنے کا فن جانتی ہے تو اہل فکر کے نزدیک یہ مسئلہ خود بہ خود مشکوک اور بے اساس ہو جاتا ہے۔

جاوید اقبال لکھتے ہیں کہ قیام یورپ کے دوران بھی اقبالؔ کی طبیعت پر طنز و مزاح کا عنصر غالب رہا وطن واپسی کے بعد چودھری سر شہاب الدین پر ان کی پھبتیاں یا "مدیر"

اخبار وطن اور سر جوگیندر سنگھ وغیرہ سے متعلق لطیفے لوگوں کو یاد ہیں۔ بذلہ سنجی کا یہ سلسلہ ان کی آخری عمر تک قائم رہا اور اقبالؔ نے مرتے دم تک ظرافت کو نہ چھوڑا۔

جن دنوں علامہ انار کلی میں رہتے تھے اخبار وطن کے ایڈیٹر مولوی انشاء اللہ خان علامہ کے ہاں اکثر آیا جایا کرتے تھے۔ انار کلی میں کشمیری طوائفیں بھی رہتی تھیں جنھیں میونسپلٹی نے دوسری جگہ منتقل کر دیا تھا اور اس زمانے میں جب انشاء اللہ خان علامہ سے ملنے گئے تو ہر مرتبہ یہی معلوم ہوا کہ علامہ باہر گئے ہوئے ہیں۔ اتفاق سے ایک دن جو گئے تو اقبالؔ گھر پر موجود تھے۔ انشاء اللہ خان نے کہا اقبالؔ جب سے طوائفیں انار کلی سے اٹھوا دی گئی ہیں آپ کا دل بھی یہاں نہیں لگتا۔ اقبالؔ نے فوراً جواب دیا۔ مولوی صاحب آخر وہ بھی تو "وطن" کی بہنیں ہیں۔ اس گفتگو کا مزا اس لئے دوچند ہے کہ مولوی صاحب اخبار وطن کے ایڈیٹر تھے۔ اقبالؔ کشمیری الاصل تھے اور طوائفیں کشمیری تھیں۔

سید وحید الدین فقیر "روز گار فقیر" میں لکھتے ہیں۔ میرے ایک قریبی رشتے دار سید واجد علی کو کتّے پالنے کا بڑا شوق تھا ایک دفعہ میں ان کے ساتھ بیٹھ کے ڈاکٹر صاحب سے ملنے گیا۔ موٹر میں ان کے کتّے بھی تھے۔ ہم لوگ ڈاکٹر صاحب کے پاس جا بیٹھے اور کتّوں کو موٹر ہی میں چھوڑ دیا۔ تھوڑی دیر میں ڈاکٹر صاحب کی ننھی بچی منیرہ بھاگتی ہوئی آئی اور کہنے لگی۔ "ابا جان موٹر میں کتّے آئے ہیں"۔ ڈاکٹر صاحب نے ہماری طرف اشارہ کر کے کہا۔ "نہیں بیٹا یہ تو آدمی ہیں۔"

مختلف معتبر ذرائع سے معلوم ہوتا ہے کہ علامہ اقبالؔ سر چودھری شہاب الدین کو دیکھتے ہی پھبتیاں کستے تھے۔ بعض اوقات چودھری صاحب بگڑتے تو علامہ کہتے تھے "بھئی تجھے دیکھ کر لطیفوں کی آمد شروع ہو جاتی ہے۔ خدا کے لئے مجھے لطیفوں سے نہ روکا کرو۔" لطیفوں کے بیان سے پہلے چودھری سر شہاب الدین کا ایک مختصر سا تعارف یہاں

خارج از محل نہ ہو گا۔

چودھری سر شہاب الدین ایک معمولی زمین دار کالے خان کے بیٹے تھے جو ضلع سیالکوٹ کے ایک گاوں ننگل میں 1865 میں پیدا ہوئے اور (84) سال کی عمر میں 1949 میں فوت ہوئے۔ مالی مشکلات کی وجہ سخت محنت و مشقت کر کے 1900 میں گورنمنٹ کالج لاہور سے بی۔ اے کیا، 1904 میں پنجاب کریمنل لا جنرل کے نام سے جاری کیا، اسلامیہ کالج لاہور میں تدریس کرتے رہے اور پھر 1908 میں پنجاب کی قانون ساز اسمبلی کا انتخاب لڑا اور 1930 تک اس کے صدر رہے۔ چنانچہ حکومت برطانیہ نے ان کو 1930 میں سر کا خطاب دیا۔ آپ پنجابی کے شاعر تھے۔ آپ نے حالیؔ کے مسدس کا پنجابی میں ترجمہ بھی کیا ہے جس کی خود اقبالؔ نے تعریف کی۔ چودھری صاحب قوی بدن اور کالے رنگ کے مالک تھے۔ اگرچہ اقبالؔ اور چودھری صاحب سیاسی نقطہ نظر سے اختلاف رکھتے تھے لیکن دونوں میں دوستی اور یارانہ تھا۔

مرزا جلال الدین بیرسٹر لا کہتے ہیں۔ شاہدرہ میں ایک پارٹی میں چودھری شہاب الدین جو قوی ہیکل اور کالے تھے بالکل سفید کپڑے پہن رکھے تھے۔ ڈاکٹر صاحب نے انھیں دیکھتے ہی بے تکلف کہا " بھئی دیکھو دیکھو! کپاہ وچ کٹا وڑ گیا اے " یعنی کپاس میں کٹّا گھس گیا ہے۔

ایک دفعہ چودھری شہاب الدین کی کوٹھی میں افطار پارٹی تھی۔ چودھری صاحب نے پانی مانگا ڈاکٹر صاحب نے فرمایا کہ بھائی! بالٹی لانا۔ چودھری صاحب پانی مانگتے ہیں۔

ایک دفعہ مہتر چترال نے شہر کے ممتاز افراد کو دعوت دی۔ ضیافت میں چودھری شہاب بھی شامل تھے جیسے ہی اقبالؔ نے چودھری صاحب کو دیکھا تو ان کا تعارف کراتے ہوئے کہا۔ "یہ ہیں چودھری شہاب الدین مہتر لاہور"۔ ساری محفل کھل کھلا کر ہنس

پڑی۔ چودھری صاحب بہت چیں بہ جبیں ہوئے۔ جب اقبال ان کے قریب بیٹھ گئے تو کہنے لگے۔ "دیکھو اقبال تم موقع محل بھی نہیں دیکھتے اور میری بے عزتی کر دیتے ہو"۔ اقبال نے کہا" بھئی اس میں بے عزتی کی کون سی بات ہے وہ مہتر چترال ہیں کیا تم یہ سمجھتے ہو کہ وہ وہاں کے بھنگی ہیں؟ مہتر تو بڑے آدمی کو کہتے ہیں"۔

جب سر شہاب الدین نے اپنی نئی کوٹھی بنوا کر اقبال کو دعوت دی اور ان سے کوٹھی کے نام رکھنے کا سوال کیا تو اقبال نے کہا" اس میں کاوش کی کیا ضرورت ہے اس کا نام "دیو محل" رکھئے۔ یہاں یہ نکتہ قابل لطافت ہے کہ سر شہاب الدین بڑے قوی بدن اور کالے رنگ کے بلند قامت شخص تھے۔

***

برطانیہ میں افسانوی ادب کی قلمکار خواتین

حمیدہ معین رضوی

رسکن نے یہ بات بالکل صحیح کہی ہے کہ "تم مجھے بتاؤ کہ تمھیں کیا پسند ہے ؟اور میں تمھیں بتا سکتا ہوں کہ تم کون ہو؟۔"رولاں بارتھ نے بہت سی باتیں غلط کہی ہیں مگر ایک بات مجھے اسکی پسند آئی "جب ایک افسانہ یا[کہانی'] لکھنے والا کہانی لکھ رہا ہوتا ہے تو کہانی اسے لکھ رہی ہوتی ہے " اسکی تشریح یہ ہے کہ لکھنے والا کونسا موضوع منتخب کرتا ہے،زندگی گزارنے کا کونسا طریقہ وہ پسند کرتا ہے ؟۔۔۔خوشی، غم، محرومیوں اور کامرانیوں۔کے بارہ میں اسکا رویہ کیا ہے؟اسکا کوئی اخلاقی فلسفہ ہے کہ نہیں۔

اور اسکے افسانوی کردار زندگی کی کشمکش،۔ الجھنوں۔تضادوں۔اور ماحول میں موجود آویزشوں سے کیسے نبرد آزما ہوتے ہیں؟ کیسے کامیاب ہوتے ہیں۔ یا ہار جاتے ہیں،۔۔اور اس ہار جیت کا ان پہ کیا ردَ عمل ہوتا ہے ؟زندگی کی زندہ حقیقتوں کا احاطہ کرنا افسانہ نگار۔اور ناول نگار کا کام ہے۔کیا اسکے موضوعات صرف ذاتی غم کا رونا روتا ہے یا ذاتی غم سے آگے بڑھ کر اس کے موضوعات خارجی دنیا کی بھی کچھ خبر رکھتے ہیں،اگر لکھنے والا اپنے فن کی گرفت مین وقت کو اس طرح جکڑ لینا کہ وہ اپنے دور کی معاشرتی اور عمرانی تاریخ ہو جائے۔ وہ زندگی کے حقائق کو روح کی طرح افسانے مین پرو دے۔ایسے کہ وہ تحریر ایک معاشرتی تاریخ سے زیادہ قابل اعتبار ہو جائے،اور اپنے عہد کے فکری نظریو

ل اور۔ اور فلسفیانہ رجحانات کی سند بن جائے۔ تو ایسا افسانوی ادب تعلیم و تربیت کا ذریعہ بن جاتا ہے، جو ادب کا اولین مقصد ہے۔ یہی اچھے ادب اور، اوسط، یا معمولی ادب کی شناخت بھی ہے۔

ایک کامیاب افسانے اور معمولی افسانے کی یہ بھی پہچان ہے کہ افسانے کے کر داروں کے سامنے کونسے مقاصد ہیں اور وہ زندگی کی جنگ کس لئے کر رہے ہیں؟ اور انھیں منزل کا کا کتنا ادراک ہے ؟۔ کر داروں کا دنیاوی زندگی میں کامیاب ہونا ضروری نہیں جدوجہد اہم ہے۔ اور منزل کا ادراک اہم ہے۔ وہ مقصد اہم ہے جس کے لئے جدوجہد کی گئی۔۔

افسانے اور کہانی میں لکھنے والے کی زبان۔ بھی بہت اہمیت رکھتی ہے۔ کہ وہ کتنی پر تاثیر ہے ؟۔۔ اور جو ادیب۔ تشبیہ استعاروں، علائم کنایوں، اور حوالوں سے ترتیب دیتا ہے۔ اسی کو طرز بیان کہتے ہیں۔ جو لکھنے والے یا والی کی شخصیت کی آئینہ دار ہوتی ہے۔ ہمیں دیکھنا یہ بھی ہوتا ہے کہ کیا اس میں لکھنے والے یا والی کا کوئی پیغام ہے یا افسانہ محض ذا ت کا مرثیہ ہے ایک بڑا افسانہ اپنے پیغام کی عظمت سے بڑا ہوتا ہے۔ اس میں جب وہ انسانی تجربات کی بازیافت کرتا ہے تو زیرِ سطح اپنا پیغام بھی دیتا ہے یا نہیں۔ پیغام جسے قاری۔۔ موضوع۔ تیکنیک، ہیئت سے پہچان سکتا ہے۔ اور اس سے افسانہ نگار کا مقام متعین کرنے میں مدد ملتی ہے۔

اچھے افسانے کی یہ بھی پہچان ہے۔ کہ تحریر کے اندرونی اور بیرونی ساخت میں مکمل نظم اضبط ہے۔ اور اس میں خیال کی اکائی موجود ہو۔ اور معانی کی کئی پرتیں ہوں۔ اچھے افسانے اور کہانی کا ایک معیار یہ بھی بتایا گیا ہے کہ۔ اس میں زندگی کی محبت آمیز قدروں کو، خطابت اور موعظت کے بجائے معروضی انداز میں پیش کیا گیا ہے۔ اسطرح کہ پڑھنے

والا روپڑے۔ یہ انداز افسانہ نگارہ اور افسانہ نگار کی گہری فکر کا ثبوت ہی نہیں دیتا افسانہ نگار کی گہری شخصیت کی بھی نشاندہی کرتا ہے اور اسکے مقام کو بھی متعین کرتا ہے

سب سے اہم۔۔۔ کسی افسانے یا ناول کا مقبول عام ہونا نہ اسکی کامیابی کی دلیل ہے نہ عظمت کی۔ اچھا ادب سمجھنے والوں اور پڑھنے والوں کی تعداد ہمیشہ دنیا میں کم رہی ہے مگر باقی وہ ہی ادب رہتا ہے جسے خواص پڑھتے ہیں۔ اخباری رپورٹیں ایک دن سے زیادہ کی زندگی نہیں پاتیں۔ مگر سماجی اجتماعی شعور کے ساتھ لکھی جانے والی کتابیں باقی رہ جاتی ہیں۔

اس تمہید کا مطلب اور مقصد، صرف یہ ہے کہ قارئین کو معلوم، ہو کہ میں افسانوں کا تجزیہ ذاتی پسند و ناپسند سے نہیں کر رہی بلکہ میرے سامنے کچھ ٹھوس اصول ہیں جو میں نے نہیں بنائے ماہرین نے وضع کئے ہیں اور بزعمِ خود نقاد بن جانے والوں میں بھی نہیں ہوں۔ میں نے تنقید پڑھنے پہ وقت صرف کیا ہے اور میں ایک معمولی طالبعلم ہوں۔ ۔ تمام لکھنے والی خواتین میری دوست ہیں میں سب کو پسند کرتی ہوں۔ اور میں عورتوں کے حقوق کی علمبردار ہوں میں ان اصولِ تنقید کی روشنی میں ادیبوں کا تجزیہ کیا ہے۔ اور پوری دیانت داری سے کیا ہے۔

برطانیہ میں سب سے پرانی لکھنے والی بزرگ خاتون انور نسرین ہیں۔ انور نسرین پنجاب کے مشہور شہر گجرات میں پیدا ہوئیں۔ دو سال کی عمر تھی تو انکے نانا دادا دونوں نے کشمیر میں رہائش کا فیصلہ کیا بارہ تیرہ سال کی عمر میں ڈرامہ نویسی سے ادبی زندگی کی ابتدا کی۔ پھر علیگڑھ اعلیٰ تعلیم کے لئے بھیجا گیا۔ کالج کے دورانِ قیام بھی کچھ ڈرامے لکھے۔ جنھیں اسٹیج بھی کئے، علی گڑھ سے انھوں نے بی۔ اے کیا۔ شادی دہلی کے ایسے خاندان میں ہوئی جہاں مرد تو پڑھے لکھے تھے مگر عورتوں کیلئے تعلیم ضروری نہیں سمجھی

جاتی تھی

شادی کے بعد دہلی میں قیام رہا کہ سسرال دہلی میں تھا وہیں انھوں نے مسلم لیگ میں شمولیت کی اور مسلم لیگ کی خواتین کی مقامی شاخ کے ساتھ پاکستان کے قیام کے لئے کام کیا جو اس پردے کے دور میں بڑی ہمت کی بات تھی سسرال والے ضرور آزاد خیال ہوں گے ورنہ ممکن نہ ہوتا۔ سسرال والے تجارت پیشہ لوگ تھے۔ قیامِ پاکستان کے بعد سسرال والے مشرقی پاکستان چلے گئے جہاں تجارت ترقی کرتی رہی۔ بیٹیوں کی شادیاں بنگالیوں میں ہوئیں گویا اتنا بھائی چارہ ہونے کے باوجود بنگلا دیشی تحریک چلی تو وہاں سے نکلنا پڑا۔ اور کراچی اور لندن جائے قیام ٹھہرا۔ زیادہ تر لندن میں رہتیں کئی برس قبل انکے شوہر کا انتقال ہو گیا تو مستقل قیام لندن ہو گیا۔ مصوری اور سیاحت ان کا مشغلہ تھا۔ ان دونوں تجربوں کا عکس ان کی تحریر میں نظر آتا ہے۔ وہ مدتوں سے لکھ رہی ہیں مگر کتاب چھپوانے میں کوئی چیز حائل ضرور رہی ہو گی جو انکے دونوں مجموعے اکیسویں صدی میں چھپے، ایک افسانوی مجموعہ انگلش میں بھی چھپا ہے، شوہر کا انتقال ہو چکا ہے بیٹا ہے کوئی نہیں کراچی میں کوئی رشتہ دار نہیں یہاں چھپنے والے ایک اردو رسالے کے مالک کے ذریعے جو اپنا رسالہ کراچی سے چھپواتے ہیں انور نسرین نے اپنی کتابیں چھپوانے کے لئے کہا۔ وہ بخوشی اس کے لئے تیار ہو گئے۔ مگر اسکا انجام انور نسرین کی غمی مایوسی اور انسانیت اور اخلاق پہ بد اعتمادی پہ ہوا۔ اس لئے کہ پبلشر نے انکو خوب لوٹا۔ رسالے کی انتظامیہ نے انکی کتابیں اس طرح چھپوائیں کہ آخری کتاب کے لئے انور نسرین صاحبہ سے £700.00 لئے اور ادو کتابیں ہوائی جہاز سے بھیجی گئیں اس وعدہ کے ساتھ کہ بقیہ پانچ سو کتابیں جلد بھیجی جائیں گی سمندری ڈاک سے۔ مدتیں گذر گئیں۔ کتابیں نہیں آئیں پھر ان کا جواب ہوا کہ کتابیں بھیج دی گئیں۔ کوئی ثبوت نہیں بھیجنے کا۔ کوئی کاغذ رسید کا نہیں

دیا۔ کوئی حوالہ نہیں دیا۔ ان سے لئے ہوئے سات سو پونڈ .700.00£ کا کوئی حساب نہیں۔ اب انھیں اس اعتماد سے پونڈ پکڑا دینے کی یوں سزا دی جا رہی ہے۔۔ کہ کئی سال گزر گئے بیچاری انتظار کرتی رہیں اب وہ فون کرتی ہیں، تو بد تمیزی کا گستاخانہ جواب آتا ہے۔ اور فون بند کر دیا جاتا ہے، یہ اردو کے ادب نواز ہیں۔ جو ایک بے بس خاتون کا استحصال کر رہے ہیں اور ان کا ضمیر کچھ نہیں کہتا، میں بے انصافی پہ دکھی ہو جاتی ہوں اس لئے مجھے ذکر کرنا پڑا۔

مشرقی پاکستان میں وہ سماجی انجمنوں کی سرپرستی کرتی تھیں۔ باقی وقت مصوری میں صرف کرتیں۔ پھر سقوطِ دھا میں اگرچہ جانی نقصان نہیں ہوا تاہم مالی نقصان بہت ہوا، نفسیاتی دھچکہ بھی لگا۔ اور ایک شاندار زندگی گزار کر لندن میں محنت طلب۔ جد وجہد پہ مجبور ہوئیں۔ لندن میں ان کا گھر۔ کبھی پہلے چھٹیاں گذارنے کے لیئے خریدا گیا تھا۔ وہی آخر کو ٹھکانہ ٹھہرا۔ پھر بنگلا دیش میں بھی حالات معمول پہ آ گئے۔ تو انکی چھوٹی بیٹی بیماری کے بعد معذوری کا شکار ہو گئی یوں نہ چاہتے ہوئے بھی انھیں مجبوراً لندن میں رہ جانا پڑا، اس دکھ نے انھیں توڑ پھوڑ دیا۔ دکھ اظہار کے لئے راستہ چاہتا ہے۔ انور نسرین نے پرانے فن کو زندہ کیا۔ اور دوبارہ لکھنا شروع کیا۔ وہ بھی جنگ کے ادبی صفحے اور راوی میں لکھتی رہیں، خواتین کی ادبی انجمن "برگِ گل" کی ماہانہ ادبی نشست میں بھی افسانے انشائے اور ڈرامے پڑھتی رہی ہیں۔ ۲۰۰۱ء کے بعد ان کے تین افسانوی مجموعے شائع ہوئے جن کے نام ہیں "تماشہ شب و روز "ا" گزر گاہِ خیال" "محبت کی اذیت" وہ کتاب ہے جس کے لئے پبلشر نے رقم وصول کر لی اور صرف دو کتابیں دیں۔ باقی پبلشر نے ہضم کر لیں۔ ایک کتاب انگلش میں بھی لکھی ہے۔ لندن میں وہ ماہانہ ادبی نشست کا اہتمام کرتی تھیں دو ڈھائی سال قبل وہ کیمبرج چلی گئی ہیں۔ انور نسرین نے زندگی کے

زندہ اقعات کی بازیافت کی ہے انتہائی المیوں پہ بھی انکے ہاں سستی جذباتیت نہیں۔ انکی معروضیت بر قرار رہتی ہے۔ وہ بہت پختہ کاری سے ہر مقام سے گزر جاتی ہیں، انکے موضوعات میں تنوع ہے۔ اور انھوں نے گوناگوں مسائل اٹھائے ہیں، مثلاً بیرونی ممالک میں لڑکیوں کی شادی اور اس میں دھوکے فریب، متوسط طبقے کی مجبوریاں عزت کے لئے عورتوں کا قتل۔ عرب ممالک میں اونٹوں کی دوڑ میں استعمال ہونے والے بد نصیب بچے۔ عورتوں کی خرید و فروخت۔ معاشرہ کی قدم قدم منافقت، اور پھر ہٹلر کی قید کے ایک قیدی کی کہانی۔ انکی کہانیاں صرف اپنے لوگوں کی نہیں ہیں انسانیت کی ہیں ان میں ہر قومیت کے لوگ ہیں، عہد کی ترجمان ہی نہیں انکی نقاد بھی ہیں مگر ان کا مبالغے سے دور کا تعلق بھی نہیں ان کا ٹھہرا ہوا لہجہ نہیں بدلتا۔ نکی نظر بین الاقوامی حالات پہ بھی ہے۔ ۱۹۴۰ سے لے کر ۲۰۰۰۔ تک کی زندگی اور تاریخ ان کے افسانوں میں سمائی ہوئی ہے۔

سحاب قزلباش۔۔۔ سحاب ایک مشہور ریڈیو اور ٹی وی آرٹسٹ ہونے کے باعث انڈیا، پاکستان میں معروف شخصیت رہی ہیں۔ بڑی کھری اور مخلص خاتون تھیں ادبی حلقوں میں وہ شاعرہ، نعت خوان، نوحہ خوان کی حیثیت سے پہچانی جاتی تھیں "روشن چہرے" اپنی کتاب میں۔ انھوں نے پاکستان کی مشہور شخصیات کے خاکے لکھے ہیں۔ خاکے لکھنے کے لئے محبت بھرا دل درکار ہوتا ہے۔ محبت کی سحاب کے دل میں کمی نہیں تھی۔ دوسری کتاب انکی خود نوشت سوانح حیات ہے۔ ریڈیو پاکستان لاہور۔ ریڈیو کراچی میں انکے ساتھ کام کرنے والوں کی شخصیات۔ انکی عادتیں محبتیں وغیرہ کی تفصیلات ہیں، ان میں تعلقات کی چاشنی بھی ہے اور دلچسپ معلومات بھی ہیں اس میں عینی آپا پہ بڑا تفصیلی مضمون ہے جو انھوں نے پڑھ کر سنایا بھی تھا، میراجی کا بھی خاکہ دلچسپ اور حیران

کن ہے۔۔ سحاب ایک شفیق انسان تھیں انھوں نے پاکستان جا کر بسنے کی کوشش کی کئی برس رہیں بھی۔ مگر دل بڑھ گیا تھا، انھیں واپس آنا پڑا، سحاب نے میرے اوپر آخری دم تک شفقت رکھی۔ اور انکے انتقال کے بعد میں نے ایک خلا محسوس کیا۔ انکی کتابیں ہیں ا۔روشن چہرے۔ خاکے۔ ۲میرا کوئی ماضی نہیں خود نوشت۔ر۳ملکوں ملکوں شہروں شہروں۔ سفر نامہ۔ ایک مجموعہ کلام 'لفظوں کا پیرہن'

فیروز مکرجی۔۔۔ برطانیہ میں پی۔ایچ۔ڈی۔ کرنے آئی تھیں، فیروز باجی بھی عینی آپا کی دوستوں میں تھیں۔ ان کا ذکر عینی آپا نے اپنی کسی ناول میں کیا ہے۔ فیروز باجی کب سے لکھ رہی ہیں ؟ مجھے نہیں معلوم۔ کہاں چھپتی تھیں یہ بھی نہیں معلوم۔ وہ بھی ادبی انجمن برگِ گل میں افسانے پڑھتی تھیں، میں نے پہلی بار اسی وقت انھیں دیکھا تھا۔ انکے افسانوں کا ایک۔ " مجموعہ دور کی آواز " کے نام سے سات آٹھ برس قبل آیا تھا۔ اس وقت میں پاکستان میں تھی، اور جب ان کا انتقال ہوا تب بھی میں یہاں نہیں تھی۔ انکے بارہ میں ہر قسم کی معلومات کا دروازہ بند ہو گیا، ہم سب جہدِ بقا کے مارے ہوئے لوگ بنیادی اسلامی اخلاق کو بھی نہیں نباہ پاتے۔ انکی بیماری کی خبر سنی ارادہ کرتی ہی رہ گئی اور وہ چل بسیں مجھے خبر بھی بہت دنوں بعد ملی۔ انکے شوہر مکرجی تھے۔ وہ پہلے ہی فوت ہو چکے تھے بیٹے سے رابطہ کیا تو اس نے ٹکا سا جوب دیدیا کہنے لگا کتابیں کہیں گیراج میں پڑی ہوں گی۔ بہر حال، کتاب نہ مل سکی، میں صرف ان افسانوں کے حوالے سے بات کر رہی ہوں جو میں نے رسالوں میں پڑھے ہیں مخزن میں۔ اور کچھ جو انھوں نے سنائے انکی پی۔ایچ۔ڈی کا مقالہ " سرشار کی دنیا " بھی کتابی صورت میں آگیا ہے اور انگریزی میں ہے۔ فیروز باجی نے خود مجھے دیا تھا، افسانوں میں انکے موضوعات سنجیدہ اور اہم ہیں، افسانوں کی بنت میں پختگی ہے۔ موضوع کو برتنے میں گہرائی اور گیرائی دونوں ہیں۔

ان کا افسانہ "صداقت حسین کی کہانی انکی اپنی زبانی" صداقت حسین کا مسئلہ افسانے کے نام سے ہی واضح ہو جاتا ہے کہ برعکس نہند نامِ زنگی کافور، صداقت حسین جھوٹا اور اذیت رساں '[سیڈسٹ] ہے، وہ بیوی کو ذلیل کرنے اور اذیت دینے کو فرضِ شوہری سمجھتا ہے۔ افسانے میں طنز کی کاٹ بہت گہری ہے۔ اس میں جنسی الجھنیں۔ مرد کی اپنی احساسِ کمتری کو احساسِ برتری میں بدل کر بیوی کو کرب دینے کا انداز۔ عورت کی بے چارگی خود آزاری۔ خوف۔ جبری خود سپردگی۔ باطنی و خارجی ناآسودگی کو خوبصورتی سے بیان کیا ہے۔ لندن میں ہی نہیں خود پاکستان میں بھی یہ ہر دوسری عورت کی کہانی ہے، مگر فیروز باجی نے ان کو اشاروں کنایوں سے اہم لاشعوری گرہیں کھولی ہیں۔ افسانے کی بندش چست ہے۔ کہانی اگرچہ جدید تیکنیک میں نہیں ہے بیانیہ ہے۔ مگر لفظوں کے صحیح استعمال اور افسانہ نگار کی چابک دستی نے اسے فنی طور پہ کامیاب بنادیا ہے، افسانے کی تھیم اور اکائی نے ہر حصے کو مضبوطی سے باندھ رکھا ہے۔ پھر کبھار سس کی منزل بھی آجاتی ہے عورت پہ اپنی ذات کے اندروں کی طاقت کا انکشاف ہوتا ہے اور وہ۔ شوہر سے علیٰحدگی کا اعلان کر دیتی ہے جبکہ وہ بے وقوف اسے مذاق سمجھتا ہے۔ فیروز مکرجی خود کو کرداروں سے الگ رکھنے کا فن جانتی ہیں۔ وہ انکی اپنی کہانی نہیں بنتی۔

عطیہ خان۔۔ عطیہ خان بھی نثر نگار ہیں ان کا ایک افسانوی مجموعہ "تجرباتَ حوادث" اور ایک انشائیوں کا مجموعہ چھپ چکا ہے۔ مجھے علم نہیں کہ انھوں نے کب لکھنا شروع کیا، میں نے انکے کچھ افسانے "تخلیق" میں پڑھے تھے، جن کا عرصہ آٹھ دس برس سے زیادہ نہیں ہوا، انکے کچھ افسانوں میں بڑی پختگی ہے انھیں کہانی کو لکھنے اور سمیٹنے کا فن آتا ہے۔ انکے انشائیوں کی بھی ایک کتاب آئی ہے مگر ابھی مجھ تک نہیں پہنچی، انشایئے اوسط درجے کے ہیں۔ کامیاب انشائیہ لکھنا ایک مشکل فن ہے۔ اس میں انکے کچھ

مزاحیہ مضامین بھی ہیں۔ تجرباتَ حوادث میں البتہ کچھ کامیاب افسانے بھی ہیں۔

صفیہ صدیقی۔۔۔شادی سے قبل پڑھنے لکھنے سے دلچسپی تھی، لکھنے کے خیال کو عملی جامہ پہنانے سی پہلے لندن آگئیں، پھر زندگی کی دوڑ میں ہانپتے ہانپتے، تقریباً دو قرن بیت گئے، لندن مین جنگ اخبار شروع ہوا تو اس سے منسلک ہو گئیں یوں رفتہ رفتہ کچھ نہ کچھ لکھتی رہیں۔ پھر "راوی" میں لکھنے کا آغاز کیا اور افسانے لکھنے لگین، ان کا فن آہستگی کے ساتھ ارتقا کی جانب رواں ہے، وہ زندگی کی کشمکش کو اپنے باطن میں جذب کر کے پنی ذات کو کشید کرتی ہیں انھیں اجتماعی شعور کا گہرا ادراک بھی ہے اور بین الاقوامی صورتحال پہ بھی انکی نظر ہے۔ وہ اپنے ماحول سے باخبر، ہیں، وہ خارجی اور اجتماعی شعور اور کشمکش کو اپنی ذات میں جذب کر کے اپنی ذات کے ادراک سے کہانی لکھتی ہیں انکی نظر غمِ ذات کے ساتھ غمِ کائنات پہ بھی ہے۔ ان کا فن بھی سادہ حقیقت نگاری کا فن ہے، پھر بھی انکے افسانوں مین کشمکش پائی جاتی ہے، ۱) پہلی نسل کا گناہ (۲) چھوٹی سی بات (۳) چاند کی تلاش (۴) اور ناویلٹ (۵) "وادیِ غربت میں "ناول فنی لحاظ سے کمزور ہے۔ کیونکہ وہ رپورتاژ۔ یا آپ بیتی معلوم ہوتی ہے یہ کتاب ناول کی تعریف پہ پوری نہیں اترتی۔ موضوع بھی بڑا۔ اہم یا آفاقی نہیں ہے۔ تاہم ابھی ان کا قلم رواں ہے اور ہم ان سے ابھی توقعات رکھنے میں حق بجانب ہیں کہ دوسرا ناول اس انداز کا ہو گا جن میں انھوں نے کچھ کامیاب افسانے لکھے ہیں۔ صفیہ نے۔ اپنی ہم عصر خواتین کے ایک ایک افسانے کا انگریزی میں ترجمہ بھی کیا ہے جسکا نام Golden cage ہے۔ صفیہ نے اردو کی بہت خدمت کی ہے اور اچھا ادبی ذوق رکھتی ہیں۔

فیروزہ جعفر۔۔۔۔ فیروزہ جعفر کا تعلق کراچی سے ہے۔ انھوں نے اپنی ادبی زندگی کی ابتدا۔ اخبارِ خواتین سے کی۔ شروع میں جہدِ بقامیں مصروف رہیں۔ پھر ذرا اطمینان ہوا

تو انھوں نے محسنہ جیلانی کی قائم کردہ ادبی انجمن "برگِ گل" میں افسانے پڑھنے شروع کئے اور رفتہ رفتہ ان کا فن ارتقا کی طرف بڑھنے لگا۔ ان کے افسانوں کا مجموعہ ۱۹۸۷ء "پہلی بوند دسمندر"۔ کے نام سے آیا فیروزہ کی طرزِ تحریر میں ندرت ہے۔ اس مجموعے میں کچھ افسانے ہیں، کچھ تحریریں تحریریں۔ نثر لطیف کی تعریف میں آتی ہیں، کچھ کہانیاں ہیں۔ مگر ہر تحریر اپنے آپ میں ایک خوبصورت مرقع ہے۔ اور جمالیاتی حس رکھنے والے قاری کو متاثر کرتی ہیں، بعض تحریریں تاثراتی اور استعاراتی انداز رکھتی ہیں۔ جن سے معانی اور مفاہیم کو عیاں گیا ہے۔ فیروزہ کے اندر ایک حساس اور حسین روح ہے، جسکا ثبوت، انکی خود کلامی "سر پھری" ہے۔ وہ کہانی کے دکھ کو احساس کے تانے بانے میں پرو دیتی ہیں۔ جس سے وہ خود کو عیاں طور پہ سستی جذباتیت سے بچالیتی ہیں، دکھ کی دھیمی لہر قاری کے اندر سرایت کرتی ہے۔ انکی زبان الجھاوے سے پاک ہے۔ اور تراکیب دلکش ہیں اور ایک شاعرانہ انداز رکھتی ہیں۔ انکے بعد کے چند افسانے جو افکار اور تخلیق میں آئے ان میں کافی پختگی آگئی تھی، ایک افسانہ مجھے یاد ہے۔۔۔ مریم اور مریم۔۔ افسوس فیروزہ کی زندگی نے وفا نہ کی۔ ورنہ ان میں اپنے وقت اور ہم عصروں سے آگے بڑھ جانے کی صلاحیت تھی۔ انکی تحریر کا انداز دیکھئے۔۔

"تم نے سچ کہا زمانہ سب سے بڑا ہیرو ہے۔ زندگی کے اسٹیج پہ ہم سب اسکے ہاتھوں میں کٹھ پتلیاں ہیں، اسکے اشاروں پہ ناچتے رہتے ہیں اپنے ذہن و اعصاب کی باگیں اسکے سپرد کر کے، اسکے اشاروں پہ ناچتے رہتے ہیں، یہاں تک کہ ناچتے ناچتے ہمارے پاؤں تھک جاتے ہیں۔ ہم زندگی کے اسٹیج پہ تھک کر گر جاتے ہیں بے حس و بے حرکت۔۔۔ یوں ہی فیروزہ۔۔، تھک کر بے حس و حرکت ہم سے بہت دور جاچکیں،" یہ الفاظ پیش گوئی کرتے محسوس ہوتے ہیں۔۔۔ رولاں بارتھ بہت جھوٹا تھا جس نے کہا تھا

فنکار تحریر قاری کے سپرد کر کے مر جاتا ہے۔نہ لفظ مرتے ہیں نہ تحریر نہ۔ ہی فنکار۔۔

بانو ارشد۔ کے دو مجموعے شائع ہو چکے ہیں "بانو کی کہانیاں" "بانو کے افسانے" بانو کے مضامین کا بھی ایک مجموعہ آیا ہے۔بانو کی کہانیاں دلچسپ ہیں اور اکثر کہانیاں ہی ہیں افسانے کم کم ہیں۔ انکی کہانیاں سادہ اور آسان ہیں۔انکی کہانیاں واقعات کے سہارے آگے بڑھتی ہیں اور قاری انجام تک پہنچ جاتا ہے۔کچھ کہانیوں میں خود کلامیاں بھی ہیں۔ بانو نے جو کچھ لکھا ہے وہی ہے جو انھوں نے تارکِ وطن کی حیثیت سے سہا ہے۔وہ نئ لکھنے والی نہیں ہیں بلکہ مدتوں سے لکھ رہی ہیں۔وہ حسینہ معین اور نیر جہاں کی کلاس فیلو تھیں۔

انھوں نے بھی دوسری ادیب خواتین کی طرح پدری نظام کی زیادتیاں برداشت کی ہیں جو بیروں ملک آکر بہت زیادہ محسوس ہوتی ہیں کہ نہ یہاں ماسی کا سہارا ہے۔جو مشرق کا رواج ہے نہ ہی شوہر کی مدد حاصل ہوتی، جو مغرب کا طریقہ ہے۔اور جس کی معاشی مدد کے لئے عورت جوتیاں چٹخاتی ہے اور ہمدردی کے دو بول کے لئے ترستی ہے، بانو حقیقت نگار ہیں۔وہ سیدھے سادے الفاظ میں اپنا مافی ضمیر واضع کر دیتی ہیں۔انکے افسانوں میں کوئی اہم تیکنیک استعمال نہیں ہوئی ہے مگر دلچسپی کہانی میں باقی رہتی ہے۔افسانوں میں زندگی کے تضادات اور کشمکش میں کوئی اہم پیغام نظر نہیں آتا اس لئے میں انھیں کہانیاں ہی کہوں گی۔بانو کا ایک افسانہ عمدہ ہے وہ ہے " پانوں کی ڈبیا" امید ہے بانو ایسے اور افسانے اردو ادب کو مرحمت کریں گی۔بانو مغرب میں تعلیم حاصل کرنے اور مدتوں سے لکھتے رہنے کے باوجود افسانوں کی نئ تیکنیک سے بے خبر ہیں اور یہ مسئلہ یہاں کی اکثر خواتین کا ہے۔ محسنہ جیلانی نے بھی لکھنے کی ابتدا بچوں کے رسالوں سے کی۔ساٹھ کی دہائی میں لندن آئیں اور امحمود ہاشمی کے اخبار مشرق سے متعلق ہو گئیں۔"جنگ" اخبار شائع

ہونا شروع ہوا تو وہ اس میں لکھنے لگیں۔اس دوران وہ لیل و نہار، بیسویں صدی، شمع، افکار، اوراق۔وغیرہ میں لکھتی رہیں۔ متنوع تجربات اور مشاہدات محسنہ کو صحافت کے تجربے نے عطا کئے،ان کا افسانہ لمحۂ موجود کا افسانہ ہے۔وقت کا ایک مخصوص حصہ وڈیو سین کی طرح سامنے آتا ہے اور اپنی چھب دکھا کر چلا جاتا ہے۔منظر آنکھوں میں دیر تک رہتا ہے۔

محسنہ مختصر افسانے کی ماہر ہیں۔ قاری کی توجہ کی ڈور افسانے کے ہاتھ میں ہوتی ہے اور وہ آخیر تک توجہ کو قائم رکھتا ہے۔برطانیہ میں رہنے والی خواتین کے مشاہدے میں وسعت پاکستان میں رہنے والی خواتین سے زیادہ ہے، مگر اس ملک میں رہنے والی اکثر خواتین ادب میں جدید رویوں اور تحریکوں سے کٹی ہوئی ہیں ان کے افسانوں میں آفاقی صداقتوں کا ادراک بھی نظر نہیں آتا ہے، مگر محسنہ اس لحاظ سے نسبتاً باخبر خاتون ہیں۔برطانیہ میں رہنے والے تارکینِ وطن کے بدلتے ہوئے سماجی و معاشرتی ڈھانچے کے اذیت ناک پہلوؤں سے انکی کہانی کے کردار ابھرتے ہیں وہ مختصر افسانوں کے ذریعے اہم اور بڑے المیوں کو وجود میں لاتی ہیں جہاں زر ا اور استحصالِ محنت نے رشتوں کا تقدس پائمال کیا ہے۔انکی تحریروں میں تہ داری بھی ہے اور وہ موسم۔ فضا اور تشبیہات کے ذریعے کردار کی باطنی ٹوٹ پھوٹ سے قاری کو کردار کے دکھ اور داخلی کیفیت سے آگاہ کرتی ہیں،افسانوں مین معانی اور مفاہیم کی تہ داری ہے جنھیں وہ لفظوں کی تراکیب۔ تشبیہات اور موسموں کی شدت سے واضع کرتی ہیں وہ کردار کے اندر کی ٹوٹ پھوٹ کو اسی طرح پیش کرتی ہیں انکی زبان رواں ہے اور افسانے میں جذباتیت سے گریز کیا گیا ہے۔اور معاشرہ کو معروضی انداز میں دیکھا گیا ہے چونکہ محسنہ مختصر نویسی کی عادی ہیں اس لئے ناول میں جو حقیقت میں ناولیٹ ہے ان کا فن نکھر نہیں سکا " میں دہشت گرد

ہوں " انھوں نے ایک بے حد اہم موضوع پہ قلم اٹھایا ہے، اسکا کینویس بہت وسیع ہے اس میں بہت کچھ آ سکتا تھا جیسے۔، دہشت گردی کی وجہ۔ سیاسی بے چینی، معاشرتی نا انصافی، نفسیاتی وجوہات، عالمی، صورتِ حال اجتماعی شعور۔ تضادات۔ مغربی قوموں کی نو استعماریت۔ بیکاری، داخلی اور خارجی دونوں طرح کی بے اطمنانی ااور اندرونی و بیرونی تصادم کو شامل کر کے یہ ناول اپنے وقت کی ایک اہم دستاویز بن سکتی تھی۔ اور اسکی گہرائی اور گیرائی میں اضافہ بھی ہوتا معاشرتی تاریخ کی دستاویز کی حیثیت بھی ہو سکتی تھی۔ مگر محسنہ کی مختصر نویسی کی عادت یہاں آڑے آگئی۔ انکے افسانوی مجموعے ہیں "عذابِ بے زبانی" اور "بکھرے لوگ" محسنہ شاعری بھی کرتی ہیں اور بہت اچھی نظمیں کہتی ہیں۔

چاند کرن۔ لندن کے ادبی حلقوں میں جانی پہچانی خاتون ہیں۔ وہ لاہور میں پیدا ہوئیں اور پرائمری تک تعلیم وہیں حاصل کی پھر پاکستان بننے کے بعد انڈیا چلی گئیں۔ وہ بھی ساٹھ کی دہائی کی ابتدا میں شادی کے بعد یہاں آئی تھیں ایک بچے کے بعد شادی ختم ہو گئی۔ بڑی جد و جہد سے زندگی گزاری بی۔۔بی۔۔ سی کے۔ ٹی، وی پروگرام میں ایکٹینگ بھی کرتی رہیں، بیٹا جوان ہو کر سیٹ ہو گیا تو وہ واپس انڈیا چلی گئیں شاعری ہندی اردو دونوں میں کرتی تھیں، افسانے بھی لکھتی تھیں، سنا ہے انڈیا میں ایک افسانوی مجموعہ چھپا ہے، میری بد قسمتی مجھ تک نہیں پہنچا وہ بھی سادہ حقیقت نگاری میں سادہ کہانیاں لکھتی تھیں۔

شاہدہ احمد۔۔ کا تعلق لاہور سے ہے وہ ستر کی دہائی میں آئیں۔ شاہدہ احمد کو لکھنے کا شوق بھی تھا اور وہ لکھتی بھی رہیں لیکن اپنی تخلیقات کو کسی رسالے میں چھپنے کے لئے نہیں بھیجا۔ یوں وہ معاشرتی مسائل پہ اخباروں میں لکھتی رہیں، اسی کی دہائی تک وہ ڈرامہ نگار، تجزیہ نگار۔ صحافی اور افسانہ کے علاوہ ایک ادبی انجمن " سمن زار " کی ناظم بھی رہ چکی

تھیں۔ اس حیثیت میں انھوں نے ہم عصر خواتین سے ایک ایک افسانہ لے کر یک مجموعہ بھی چھپوایا۔ ۱۹۸۸ء تک انکی صحت تیزی سے گرنے لگی تو وہ۔ پاکستان چلی گئیں وہاں بھی انھوں نے معذوروں کے لئے ایک رسالہ آدرش نکالا۔ شاہدہ احمد کی پہلی کتاب آئی تو پاکستان انڈیا کے ادبی حلقوں کے لئے ان کا انام نامانوس تھا یہ کتاب "بھنور میں چراغ" ہے دوسری کتاب "ہجرتوں کے بھنور" ہے انھوں نے کچھ ڈرامے لکھے بھی ہیں اور سٹیج پہ پیش بھی کئے ہیں۔

شاہدہ نے لکھا 'عورت کے دکھ۔ ذلت بے انصافی۔ زیادتیوں اور ظلم نے مجھے قلم اٹھانے پہ مجبور کیا ہے جہاں دکھ ہے وہاں میں ہوں۔" انکے افسانے، گھٹے ہوئے ماحول، سماجی و معاشرتی عوامل کی چکی میں پستی ہوئی عورت کے پس منظر سے ابھرتے ہیں جہاں عورت کو یہ احساس بھی نہیں رہ جاتا کہ وہ در اصل انسانیت کے قبیلے سے تعلق رکھتی ہے۔ وہ ایک انسان کے پیدا کرنے کا کرب اٹھا کر اٹھتی ہے اور اسے بچے کو دودھ پلانے کی اجازت بھی نہیں کہ اس میں وقت ضائع ہوتا، کپاس کم اکٹھے ہوگی، مزدوری کم ملے گی۔ اور شوہر اسے جوتے لگائے گا جو دن بھر پیڑ کے نیچے بیٹھ کر حقہ پینے کی عیاشی کرتا ہے۔ مغرب میں فیمنزم کی تحریک صرف افسانہ و افسوں نہیں ہے یہاں حقوق حاصل کئے گئے ہیں مگر مشرق میں فیمنزم۔ ڈرامہ بازی کے سوا کچھ نہیں ہے۔ عورتیں زندہ دفن کر دی جاتی ہیں، کسی کو ان پہ آنسو بہانے کا بھی وقت نہیں۔

شاہدہ احمد ترقی پسند تحریک سے وابستہ نہیں، مگر انکے بعض افسانے اپنی تھیم کے لحاظ سے ترقی پسندوں سے بھی آگے ہیں، وہ ترقی پسند تحریک سے وابستہ نہ سہی حقیقت پسند ضرور ہیں۔ شاہدہ کی اچھی بات یہ ہے کہ وہ نہ تو کرداروں کے ساتھ مل کر مرثیہ پڑھتی ہیں، نہ سستی جذباتیت ہی بروئے کار لاتی ہیں، ان کا ٹھہرا ہوا لہجہ اور۔ معروضی انداز۔

الفاظ و طرزِ بیان کا زور پہ قاری کو جکڑ لیتا ہے، البتہ انکے ہاں مکالموں کی کمی شدت سے محسوس ہوتی ہے، بیان طویل ہوتا ہے۔ اور کہانی الجھ جاتی ہے۔ کہیں کہیں نامانوس الفاظ افسانے کے فطری بہاؤ میں رکاوٹ پیدا کرتے ہیں۔ تشبیہات طرزِ تحریر کے حسن میں اضافہ کے لئے استعمال ہوتی ہیں یا زیرِ سطح پیغام کے لئے بھی استعمال ہو سکتی ہے۔ شاہدہ نے قدم قدم غیر ضروری تشبیہات و استعارات کو استعمال کر کے۔ قاری اور کہانی کے در میان رکاوٹ پیدا کر دیتی ہیں۔ ادبی محفلوں میں میں نے انکے بعد والے جو افسانے سنے وہ بہتر نظر آئے۔ شاہدہ کی دوسری کتاب یقینی بہتر ہو گی وہ ایک ذہین اور باشعور خاتون ہیں، اور ان کا فن رو بہ ترقی ہے۔ خدا انھیں ہمت اور صحت دے۔ وہ ویسے بھی ایک باہمت خاتون اور ایک مثالی شوہر کی بیوی ہیں۔

نجمہ عثمان۔۔۔ نجمہ عثمان گذشتہ تیس برس سے شاعری کر رہی ہیں مگر انکی شاعری کسی ادبی پرچہ میں ۱۹۸۹ء تک نظر نہیں آئی اس لئے پاکستان کے ادبی حلقے ان سے بے خبر رہے ویسے بے خبر رہنا اردو کے نقادوں کی ادا ہے۔ جو شاعر ادبی پرچوں میں چھپتے رہتے ہیں ان کا بھی یہی حال ہے۔ ان کا بھی خال خال ہی ذکر ہوتا ہے۔ سود و زیاں کو مد نظر رکھ کر تبصرہ لکھا جاتا ہے۔ ایسے میں برطانیہ کے لوگوں کو تو ویسے بھی نجمہ کی شاعری کی مختصر پہلی کتاب ۱۹۸۸ء میں شائع ہوئی اور اس پہ تخلیق میں تبصرہ بھی آیا تھا۔ البتہ راوی میں انکی شاعری پابندی سے چھپتی تھی، راوی سے ہی انھوں نے نثر نگاری کی ابتدا کی، ان کا پہلا افسانہ classification کے نام سے راوی میں چھپا۔ پھر پرواز لندن میں بھی لکھتی رہیں ان کا ایک افسانہ۔ اوراق۔۔ میں بھی چھپا۔ نجمہ مزاجاً بے حد حساس اور زود رنج ہیں اور انکی تحریروں میں یہی عنصر بہت نمایاں ہے۔ انکی تحریریں افسانے کے بجائے۔ کہانیاں ہیں۔ یا ترتیب سے لکھے واقعات اور، یا خاکے ہیں۔ وہ اپنی تحریروں میں

بیحد اضافی موضوعی رویہ رکھتی ہیں۔ اور ہر واقعہ ذاتیات کے درد میں ڈوبا ہوتا ہے۔ ان کا کینویس محدود ہے وہ اپنے کرداروں کو جانتی اور پہچانتی ہیں۔ معاشرتی عمرانی اور سماجی توڑ پھوڑ کی وجوہات اور انکے نتائج کا تجزیہ نہیں کرتیں بلکہ کرداروں پہ اسکے اثرات کا ذکر کرتی ہیں۔ اور واقعات کی زمانی ترتیب کے مطابق اسکو بیان کر دیتی ہیں سانحوں کے وجوہات۔ اور۔ نتائج، کے تجربوں سے انھیں دلچسپی نہیں ہوتی۔ کرداروں کی باطنی صورتِ حال اور اس کی نفسیاتی توجیہ بھی نہیں کرتیں، بلکہ صرف۔ غم اور حزن و ملال کے قریب رہی ہیں اس لئے اسکو حزنیہ لہجے میں بیان کر دیتی ہیں اس طرح۔ انکی تحریر کرب میں ڈوب کر ذاتی روئداد ہو جاتی ہے۔ اور باشعور قاری جو خارج میں ہوتا ہے اس احساس میں ان کا شریک نہیں ہو پاتا۔ بیانیے۔ غم کی دستاویز بن جاتے ہیں۔ ذاتی غم کو کائناتی ہونا ضروری ہے۔ افسانے کی شرائط ہیں۔ آغاز، انجام، ابتلا، کشمکش، کتھارسس اور انجام۔ جو مرکزی خیال کے ساتھ مضبوطی سے جڑے ہوں، اسکے علاوہ۔ فرد اور معاشرہ کے تضادات کی کشمکش بھی ہو، تحریر ذات اور کائنات کو ضم کر دے۔ نجمہ کی کہانیوں میں المیوں کا ذکر ہوتا ہے وجوہات و نتائج سے بحث نہیں ملتی نہ سماجی زندگی کی تہیں کھنگالی گئی ہیں۔ شعور او تلازمۂ خیال کی رو کی جدید تیکنیک، کہانی کو افسانے کی منزل تک پہنچانے کیلئے ضروری ہے۔ انھیں شخصی احساس۔ اور اجتماعی سماجی شعور کے تانے بانے سے ایک فکری رویہ پیدا کرنا ہو گا۔۔ اور داخل اور خارج کو ہم آہنگ کر کے تلاش و تجسس کی نئی دنیا کا سراغ لگانا اور، نیا آہنگ تلاش کرنا ہے اس طرح وہ جلد افسانوں کی دنیا میں اہم مقام حاصل کر لیں گی، فی الحال انکی اکثر تحریریں۔ چونکہ موضوعی ہیں اس لئے خود نوشت، اور صحافتی رنگ رکھتی ہیں اسکے علاوہ کہانیوں میں بعض دفعہ کرداروں کی حرکات و سکنات و اقدامات ناقابلِ یقین بھی معلوم ہوتی ہیں انھیں اس پہلو پہ توجہ دینے کی ضرورت

ہے۔۔۔ کہانی میں استعاروں کنایوں سے دہرے معانی ڈھونڈنے کا بھی انھیں دھیان رکھنا ہوگا۔ نجمہ کی زبان رواں اور اردو با محاورہ ہے۔

پروین لاشاری۔۔۔۔ پروین لاشاری کا تعلق ذرائع ابلاغ سے ہے وہ بچپن سے ریڈیو پاکستان میں بچوں کے پروگرام کے لئے جاتی تھیں ساٹھ کی دہائی کے اوائل میں بی اے کے بعد شادی ہوئی اور لندن آ گئیں سنہ ۷۳-۱۹۷۲ میں نے انھیں بی۔بی۔ سی۔ میں دیکھا تھا ان دنوں میں بھی عارضی طور پہ وہاں کام کر رہی تھی۔ وہ کئی پروگراموں میں تھیں کبھی کبھی ریکارڈنگ اکٹھے ہوتی۔ تو ملاقات ہو جاتی اگرچہ ہمارا پروگرام بالکل مختلف تھا ۔۔۔ تب وہ چھوٹے چھوٹے افسانچے پڑھتی تھیں۔ جن میں کہانی ضرور ہوتی تھی اور وہ دلچسپ بھی ہوتے تھے۔۔ پانچ برس بعد جب میں جنوبی سمندر سے واپس آئی تو وہ ایک انجمن سجا چکی تھیں۔ جس میں مجھے انکے چند افسانے سننے کا اتفاق ہوا۔ انکی زبان مزیدار، مکالمے چست اور خود کلامیاں دلکش ہوتی تھیں۔ لگتا تھا کہ وہ محنت سے افسانہ لکھتی ہیں۔ غالباً وہ گھریلو۔۔ وجوہات سے بہت کم لکھتی تھیں اور اکثر میں نے ان کا ایک ہی افسانہ کئی کئی ادبی محفلوں میں سنا، کراچی اور انڈیا کے کچھ رسالوں میں انکے افسانے شائع بھی ہوئے۔ انکے دو افسانے مخزن میں پڑھے ایک افسانہ

افکار کے "برطانیہ میں اردو نمبر" میں بھی پڑھا انھوں نے اپنے افسانوں کی سی۔ڈی بنوائی ہے اس کے ساتھ مشکل یہ ہے کہ میری طرح کے صحتمند قاری خود پڑھنا پسند کرتا ہے۔ بچوں کے لئے فائدہ مند ہو سکتی تھی مگر انکی دہلی کی با محاورہ، چٹپٹی زبان لندن کے بچے سمجھ ہی نہیں سکتے۔

میں ان دو چار افسانوں کی بنیاد پر جو کچھ ہو سکتا ہے تجزیہ کر دوں گی کہ شکایت نہ رہے۔ مخزن میں انکے دو افسانے۔ "دو بول" اور "منتر" ضرور پڑھے ہوں گے نہ پڑھے

ہوں تو پڑھے جا سکتے ہیں۔

برطانیہ میں لکھنے والی اکثر افسانہ نگار خواتین کی طرح پروین نے بھی افسانے کی جدید تیکنیک استعمال نہیں کی، نہ کردار کا نفسیاتی جائزہ لیتی ہیں۔ زیر بحث افسانہ دلچسپ ہے مگر خود کلامی کو مرکزی کردار کے باطنی کوائف اور نفسیاتی الجھنوں کے اظہار کا ذریعہ نہیں بنایا گیا افسانہ نگار، کردار کا صرف خارجی مشاہدہ کرتی ہے۔ لیکن کہانی کہنے کا ہنر انھیں آتا ہے اور تیز طرار عصمت چغتائی کی اردو مزہ دیتی ہے اس افسانے میں انھوں نے کردار کی زبان سے اس کے طبقے کی نمائندہ دکھائی ہے، اپنے طور پہ یہ بھی فن ہے۔ افسانے کی واحد متکلم ایک زندہ کردار ہے۔ اسی طرح۔ ان کا افسانہ منتر بھی ہے۔ اس میں جہاں اج کے بدلتے ہوئے معاشرہ میں اخلاقی انحطاط کی داستان ہے۔ وہاں بڑھاپے کی بیچارگی بھی ہے، جسے تہذیبوں کے متضاد پس منظر یعنی دہلی کی تہذیب، مروتیں، کنبہ پروری، محبتیں، اور آج کی تہذیب کی بے مروتی۔ خود غرضی، اور اولاد کے وجود کی بے فیضی کا ستم کھل کر سامنے آیا ہے۔ افسانہ اکہرے پلاٹ کا ہے مگر دھیمی درد کی لہر۔ رونے پیٹنے کے بجائے ٹھہرا ہوا انداز، اور سادگی ہے فنکار کے اندر تجربے کی داخلی سچائی کے باوجود، فنکار کا خارجی معروضی چلن۔ قابلِ تعریف ہے۔ کہانی کہنے کا فن قاری کے قدم روک لیتا ہے، افسانہ نہ ہونے کے باوجود اس میں افسانوں کے کچھ اجزا ہیں جو نہ بھی ہوتے تو کہانی کی حیثیت سے بھی تحریر میں خوبی ہے۔ جیسے داستان۔

کوثر علی۔۔۔۔ کوثر علی کا تعلق معلمی کے باعزت پیشے سے ہے۔ انکی بھی اردو کی ایک کتاب اسی سال چھپی ہے۔ یہ کتاب ان کی گذشتہ چالیس برسوں کی کاوش کا نتیجہ ہے دوسری خواتین کے مقابلے میں کوثر علی نے ایک علیحدہ طرزِ اظہار منتخب کیا ہے، انھوں نے ڈرامے لکھے ہیں جو انھوں نے، اپنے اردو کے طلباء کے لئے لکھے اور سٹیج کئے تھے۔

تا کہ بچے اردو سیکھیں۔ تعلیم کے شعبے کی طرف سے ایک مقابلہ منعقد کیا گیا تھا یہ مقابلہ Multilingual programme تھا اور غیر ملکی زبان کے طلبا و طالبات کے لئے تھا اس مقابلہ میں انھیں اور انکے ٹین ایج طلباء کو پہلا انعام ملا اور انکی اردو تعلیم کی کاوشوں کو سراہا گیا۔ اس سے میں ہر گز یہ ثابت نہیں کرنا چاہتی کہ کوثر علی شیکسپیر ہو گئی ہیں، صرف یہ بتانا ہے کہ صنفِ اظہار کے دوسرے ذرائع کو بھی بروئے کار لایا جارہا ہے۔ اور کوثر نے ڈرامے کو مسائل کے اظہار کا ذریعہ بنایا ہے مجموعے کا نام ہے " آئینہ حیات۔ "کتاب کے نام سے ہی اندازہ ہوتا ہے کہ مغربی اور مشرقی ماحول سے تصادم اور انکے ٹوٹنے کے المئے سے کونسے نئے مسائل سامنے آئے ہیں

امیر زہرا رضوی۔۔۔ وہ بھی لندن میں ہی رہتی ہیں اور تحقیقی مضامین اور افسانے لکھتی ہیں انکے مضامین جنگ، اردو ٹائمز، رسالوں وغیرہ میں چھپتے رہے ہیں۔ ایک سفر نامہ۔ "ذکرِ شام" کے نام سے شائع ہوا ہے کتاب مجھے پڑھنے کو مل نہیں سکی۔ یک خاتون شمسہ مسعود بھی ہیں۔ وہ خواتین ڈائجسٹ میں لکھتی رہی ہیں، اسی انداز کے ناولٹ لکھتی ہیں۔ جیسے خواتین ڈائیجسٹ والے چھاپتے ہیں سعیدہ شریف۔ بھی نثری نظم نثر لطیف وغیرہ لکھتی تھیں گزشتہ ایک قرن سے وہ بوزنیہ میں رہ رہی ہیں، اور اردو کے ساتھ ہم سبھی سے ناطہ ٹوٹ چکا۔ قیصر تمکین کی بیگم صبیحہ علوی بھی افسانے لکھتی ہیں مگر مجھے پڑھنے کا اتفاق نہیں ہوا۔ اسی طرح جمشید مرزا کی بیگم، شوکت برجیس قدر نے بھی افسانے لکھنے کا آغاز کیا ہے۔ ابھی تک وہ صرف شاعری کرتی تھیں۔۔ جنوبی انگلستان۔۔ میں کچھ اور خواتین نثر میں اظہارِ خیال کر ہی ہیں مگر انکی تحریروں کی کوئی واضع شکل نہیں ہے نہ صنف کی نہ معیار کی۔ اور یقینی یہ خواتین بھی پاکستان میں پیدا ہوئی ہیں اور وہیں تعلیم حاصل کی ہے۔ انکے اسمائے گرامی ہیں۔ فرخندہ رضوی ۔۔ مسرت

جبیں۔۔ نرگس جمال منزہ شاہ۔ جو 'ساحل'' اور دوسرے مقامی اخباروں میں لکھتی ہیں گیا۔

شمالی برطانیہ کی افسانہ نگار۔ میں صرف ان خواتین کا ہی ذکر کروں گی جو ۱۹۶۰ء کی دہائی میں شادی ہو کر آئیں اور زندگی کی جدوجہد کے باوجود اپنا رشتہ قلم سے باقی رکھا ہے۔

طلعت سلیم۔۔۔ انھوں نے اپنی ادبی زندگی کی ابتدا پاکستان میں کی پہلے بچوں کے رسالوں میں لکھتی تھیں برطانیہ آکر نعتیں لکھنے لگیں ان کے ایک نعتیہ مجموعہ ۱۹۹۰ء میں چھپ چکا ہے، یا نبی، یا نبی، یا نبی اسکا نام ہے۔ غزلیں اور نظمیں بھی کہتی ہیں (۸) تاہم شاعری چونکہ میرا مضمون نہیں اس لئے میں انکے افسانوں کا ہی ذکر کروں گی۔ انکے افسانوں کا کوئی مجموعہ نہیں چھپا، لیکن ان کے افسانے جرائد اور اخباروں میں پڑھے ہیں، جن کا معیار اچھا ہے اور محسوس ہوتا ہے کہ وہ کہانی کہنا جانتی ہیں۔ مخزن میں بھی ایک افسانہ پڑھا تھا۔ اچھا تھا۔

رضیہ اسماعیل۔۔۔ انکی شخصیت ہشت پہل ہے، ان کے مزاحیہ مضامین کا مجموعہ "چاند میں چڑیلیں" شائع ہو چکا ہے۔۔ وہ تحقیق و تجزیہ بھی کرتی ہیں، اور بہت سے رضاکارانہ کام میں بھی مصروف ہیں۔ انکی کئی غیر افسانوی کتابیں زیر تالیف ہیں، گھروں میں تشدد اور انکے تباہ کن اثرات پہ انھوں نے اپنا پی، ایچ، ڈی کا مقالہ لکھا ہے۔ وہ۔ جو ماہیا نگاری بھی کرتی ہیں۔۔ خواتین کے مسائل سے باخبر، اور عملی کام کرنے والی خاتون ہیں۔ مجھے انکی کتاب نہیں مل سکی۔

ستارہ لطیف خانم۔۔۔ ستارہ لطیف خانم کالج کے زمانے سے ادب لکھنے پڑھنے میں مصروف تھیں، شادی کے بعد برطانیہ ساٹھ کی دہائی میں آئیں وہ وقتاً فوقتاً افسانے لکھتی

رہیں بچوں کی تربیت میں مصروفیت کے باعث مجموعہ چھپوانے پہ توجہ نہیں دی نوے کی دہائی میں انکی صحت خراب رہنے لگی غالباً ڈپریشن کی شکایت تھی اور اس سے نجات ملنے میں وقت لگتا ہے۔ انکو خوش کرنے اور طبیعت بحال کرنے کے لئے۔ انکے شوہر نے ان کا افسانوی مجموعہ چھپوایا تھا جسکا یقینی خاطر خواہ اثر ہوا ہو گا، مجھے انکے شوہر سے شکریہ کہنے کو دل چاہتا ہے جنھوں نے نسائی قبیلہ کی ایک فرد کی قدر دانی کی۔ مجموعہ کافی مقبول ہوا اور جلد ہی ختم ہو گیا، اسپہ محمود ہاشمی نے بہت اچھا تبصرہ لکھا تھا میں نے انکے افسانے مخزن میں پڑھے ہیں میں اتنا ضرور کہہ سکتی ہوں کہ وہ قاعدے کے افسانے تھے۔

سعدیہ سیٹھی۔۔۔ کا ایک شعری مجموعہ آچکا ہے۔ انکی غزلیں میں نے ادبی رسالوں میں بھی پڑھی ہیں، اور انھوں نے امجھے اپنا شعری مجموعہ بھی بھیجا تھا میں اس وقت کل وقتی ملازمت کی وجہ سے بہت مصروف تھی، پھر چھوٹے بیٹے کے یونورسٹی میں داخلے کی بھاگ دوڑ میں تھی۔ شکریہ کا فون کر دیا تھا کچھ لکھ نہ سکی تھی۔ اپنے انگریزی کے مضمون "برطانیہ کی اردو شاعرات" میں میں نے خصوصیت سے ان کا ذکر کیا تھا۔ بحر حال۔ اب ان کا ایک افسانوی مجموعہ "رشتوں کے بھنور" کے نام سے آیا ہے۔ چونکہ میں نے پڑھا نہیں نہ اسکے علاوہ کوئی افسانہ پڑھا ہے اس لئے میں کچھ کہنے سے قاصر ہوں، ذکر کرنا میرا اخلاقی اور ادبی فرض تھا سو ذکر کر دیا۔

آخر میں میں پھر کہنا چاہوں گی، کہ اہم یہ نہیں ہوتا کہ فن پارہ کے بارہ میں کیا کہا گیا ہے ؟ بلکہ اہم یہ ہے کون کہہ رہا ہے۔؟ اور میں نے جو کچھ کہا وہ ماہرین کے دئے گئے اصولوں کے مطابق کہا اور انھیں کی روشنی میں تجزیہ کیا جس طرح ادیب کا مقصد کسی کو خوش کرنا ہے نہ ناراض کرنا ہے۔ اسی طرح تجزیہ نگار کا کام بھی فنی اصولوں کے مطابق ادب پارہ کے معیار کو پرکھنا ہے۔ مضمون کے شروع میں ان اصولوں اور ادبی معیار کا

کا خاکہ میں نے دے دیا ہے۔

--

طور پر عورت اور اُس کے وجود کی اہمیت سے ان کار نہیں کیا جا سکتا، اس پر ظلم و ستم کرنا ہر مرد کا شیوہ نہیں البتہ عورت کے رویے کی وجہ سے ہی وہ اپنے دام میں آپ گرفتار ہوتی ہے لیکن تانیثی ادب نے شاعری کے توسط سے نسائی معیار کو بلند کرنے کے معاملے میں نفسیاتی اور جذباتی نقطۂ نظر کے بجائے حقیقی نقطۂ نظر کا سہارا لیا ہے جس کے توسط سے عورت کو مرد کے مساویانہ حقوق کی دلیل پیش کی گئی ہے اور اس قسم کی آزادی کو نہ تو زیادتی سمجھا جائے گا اور نہ ہی تانیثی ادب میں اِسے ناقابلِ اعتنا سمجھا جاتا ہے۔ اس کے بجائے مغربی تانیثیت میں مرد کے وجود کا ان کار اور عورت کا مرد پر بالا دستی قائم کرنے کا جذبہ بنیادی طور پر عورت کے وجود کو مسمار کر دے گا۔ اس پس منظر میں عورت کی کھلی آزادی کسی لحاظ سے بھی برداشت نہیں کی جا سکتی البتہ تانیثی ادب طبقۂ نسواں میں ادبی اور ثقافتی آگہی کے ساتھ ساتھ نسوانی روایات کے فروغ کا کام انجام دیتا ہے تو ایسے شعر و ادب سے ان کار نہیں کیا جا سکتا۔ جہاں تک عورتوں کے ادب اور اُس کے توسط سے شاعرات کی نمائندگی کا معاملہ ہے اس سلسلے میں یہ کہا جا سکتا ہے کہ محبت کے پردے میں گلے و شکوے شاعری کا اعزاز رہے ہیں اور اس قسم کی شاعری سے جو معاشرہ پیدا ہوا اس پر طعنہ زنی کرتے ہوئے کشور ناہید لکھتی ہیں:

مری بنّو!
سورج مکھی کی طرح
گھر کے حاکم کی رضا پر
گردن گھماتے گھماتے

میری ریڑھ کی ہڈّی چیخ گئی ہے
جسم کا سارا بوجھ سہنے والی۔۔۔ہڈی چیخ گئی ہے۔

کشور ناہید کی شاعری میں احتجاج کی لَے شدید نہیں بلکہ دھیمی نظر آتی ہے اور انھوں نے عورتوں کی مجبوری سے فائدہ اُٹھانے والے مردوں پر طعنہ زنی کرتے ہوئے اس احساس کی نمائندگی کی ہے کہ مشرقی عورت صرف عورت ہے اور اُسے گھر کے کام کاج میں لگا کر زندگی کا کھلونا بنا دینا ہی مرد کی فطرت ہے اور عورت اسی فطرت کے آگے سر جھکائے زندگی گزارنے پر مائل نظر آتی ہے۔ عورت کے اس ماحول سے آزادی دلانے کا تصوّر عصری نظم نگار شاعرات کے کلام میں نمایاں ہوتا ہے۔

عصری حسّیت کو نظم کے توسط سے نمایاں کرنے والی شاعرات کے ناموں کی فہرست مرتب کی جائے تو اُن کا شمار دو سے تین درجن کی تعداد میں ہو جائے گا، ان تمام خواتین نے احتجاج اور مشرقی تانیثیت کو فروغ دینے کے لیے فطری طور پر آزاد نظم کا سہارا لیا، صرف ایک ایسی شاعرہ دکھائی دیتی ہے جس نے پابند شاعری کے ذریعے بھی احتجاج کی لے کو قائم و دائم رکھا اور اس شاعرہ کا نام شفیق فاطمہ شعریٰ ہے جب کہ اردو کی دوسری نظم گو شاعرات نے تانیثی عمل اور احتجاج کی شاعری کو پیش کرنے کے لیے آزاد نظم کو ہی بہتر وسیلے کا درجہ دیا چنانچہ سارا شگفتہ ہو یا شکیلہ رفیق، شبنم عشائی ہو یا غزالہ خاکوانی، فہمیدہ ریاض ہو یا نسیم سیّد حمیرا رحمٰن ہو یا ادا جعفری ان تمام شاعرات کی نظموں کا محور "آزاد نظم" ہے اور وہ کبھی طویل نظموں سے کترا کر مختصر نظم کی طرف بھی مائل ہو جاتی ہیں اور چونکہ ان شاعرات کی عصری حسّیت میں احتجاجی لب و لہجے کی دھمک سنائی دیتی ہے اس لیے اُن کی شاعری میں صنائع لفظی و صنائع معنوی کا رجحان ناپید دکھائی دیتا ہے البتہ ان شاعرات کی نظمیں یہ واضح کرتی ہیں کہ انھوں نے ایک جانب علامت اور

اشارے کے علاوہ پیکری ریاضت کو ضرور کام میں لایا ہے جس کے نتیجے میں نظم آزاد لب و لہجے کی نمائندہ ہونے کے باوجود بھی اشاریت کے ذریعے مفہوم کی گہرائی تک پہنچ جاتی ہے،اس اشاریت کو احتجاجی لب و لہجے کے ساتھ سمجھنا ہو تو شہناز نبی کی نظم "معصوم بھیڑیں"کا مطالعہ کیا جا سکتا ہے چنانچہ وہ لکھتی ہیں:

اک چراگاہ
سو چراگاہیں
کون ان ریوڑوں سے گھبرائے
پڑ گئیں کم زمینیں اپنی تو
کچھ سفر کچھ حضر کا شغل رہے
کچھ نئی بستیوں سے ربط بڑھے
ان کو آزاد کون کرتا ہے
یہ بہت مطمئن ہیں تھوڑے میں
اک ذرا سا گھما پھرا لاؤ
کچھ ادھر کچھ اُدھر چرا لاؤ
بھیڑیں معصوم
بے ضرر سی ہیں
جس طرف ہانک دو
چلی جائیں

شہناز نبی نے احتجاج کی دھیمی لے کو استعمال کرتے ہوئے معصوم بھیڑیں کی اشاریت کو نمایاں کیا ہے اور قاری خود نتیجہ اخذ کرنے میں کامیاب ہو جاتا ہے کہ معصوم

بھیڑیں کس علامت کی نشانی ہیں اور اُن کے ساتھ مرد کا ناروا سلوک کس طرح مشرقی عورت کی بے بسی اور مجبوری کا فائدہ اُٹھا رہا ہے۔

شبنم عشائی نے پیکری تصوّر کے ساتھ احتجاجی رویے کو انتہائی دھیما رکھا ہے لیکن انہوں نے زندگی کے فلسفے کو جس مختصر انداز میں سمجھانے کی کامیاب کوشش کی ہے اُس کا یہ انداز بھی ملاحظہ ہو:

عفرا میری گُڑیا!
یہ اسکول کا بستہ نہیں
تمہارے ننھے کاندھوں پر
زندگی لادی جا رہی ہے، ہاں زندگی
یہ بہت بھاری ہوتی ہے
یہ چیخنے سے نہیں
سہنے سے ہلکی ہو جاتی ہے
روؤ مت میری گڑیا!

نئ فکر کی سوچ لے کر جن شاعرات نے نظم کے توسط سے نئ شعری تفہیم کی طرف توجہ دی ہے اُن کے لب و لہجے میں تازگی اور راست پن محسوس کیا جا سکتا ہے چنانچہ خواتین شاعرات نے خیال کی پیش کشی پر توجہ دیتے ہوئے لفظوں کی اُدھیڑ بُن سے خیال کو آزاد کرنے کی پوری کوشش کی ہے لیکن احتجاجی لہجے کے دوران بھی عورتوں کی شاعری محاورات اور لفظوں کی بندشوں سے آزاد نہیں ہو سکی جس کی مثال حمیرا رحمٰن کی اس نظم "بے دھیان مسافتوں کے ہم سفر کے لیے ایک نظم" سے دی جا سکتی ہے۔

دُکھ میں کوئی دلدار نہ ہو تو

دھوپ کہیں دروازے سے باہر
آنکھیں موندے، چُپ سادھے بیٹھی رہتی ہے
یہ دنیا اظہار کی دنیا ہے
جس میں ہر کوئی اپنے
جذبے اور لفظوں کو ظاہر کرے تو پہنچانا جائے
گو ہم دونوں نے لفظوں کے کاندھے پر
کم سر رکھا ہے
لیکن بے دھیانی میں چلتے چلتے
دونوں کتنا آگے نکل گئے ہیں

نظم کی شعری حسّیت میں خواتین نے صنائع معنوی و صنائع لفظی کے سلسلے میں جس قدر اجتناب برتا ہے اُس کی مثال کسی اور شاعری میں نہیں ملتی بلکہ یہ کہا جا سکتا ہے کہ لفظی مینا کاری اور حُسن کاری سے بے نیاز ہو کر عصری حسّیت سے مالا مال شاعرات نے شعر گوئی کی ہے جس کی وجہ سے اُن کی نظمیں سپاٹ لب و لہجے اور احتجاج کے رویے کی وجہ سے انتہائی غیر فطری نظر آنے لگتی ہیں کیونکہ فطری طور پر انسان حُسن آفرینی اور دیدہ زیبی کا شائق ہے اور یہ حُسن نظم میں دکھائی نہ دے تو قاری کو کمی کا احساس ہونے لگتا ہے۔ عصری حسّیت سے مالا مال شاعرات کی نظمیں ان بنیادی وسائل سے بے نیاز ہیں اس لیے اس میں حُسن آفرینی کی تلاش بے فیض ہے لیکن خیال اور اظہار کی جو خصوصیت عصری شاعرات کی نظموں میں نمایاں ہے اُس کی مثال کسی دوسری شاعری میں دستیاب ہونی مشکل ہے، اس کیفیت کو محسوس کرنے کے لیے شکیلہ رفیق کی ایک نظم "جواب" پیش کی جاتی ہے۔

کب مل رہے ہو؟

ابھی نہیں مل سکتا

بہت جی چاہ رہا ہے نا!

مصروف بہت ہوں

ایسی بھی کیا مصروفیت؟

کچھ یاد ہے تمہیں

کیا

جب میں بے چین تھا تب۔۔۔

تب؟

تب تم نے ان کار کر دیا تھا!

وہ۔۔۔ مجبوری تھی

میں کسی مجبوری کو نہیں مانتا

میں۔۔۔

انگریزی کی ایک کہاوت سنی ہے تم نے؟

کون سی؟

کہ اگر ایک بس چھوٹ جائے تو۔۔۔ دوسری بہت دیر میں آتی ہے

مگر۔۔۔

میں دوسری بس کا انتظار نہیں کرتی

پھر؟

میں روٹ بدل دیا کرتی ہوں

مکالماتی انداز سے لکھی گئی یہ نظم مختصر جملوں کے توسط سے اظہار و نفی کی علامت بن کر ظاہر ہوتی ہے اور اندازہ ہوتا ہے کہ شاعرات نے عصری حسّیت کو ظاہر کرنے کے لیے مردانہ اور زنانہ جذبات کی پیش رفت کو بھی ملحوظ رکھا ہے اور جہاں مرد کی ہٹ دھرمی کو مثالی سمجھا جاتا ہے وہیں عورت کی ہٹ دھرمی بھی عصری حسّی شاعرات کے کلام میں اپنا اثر دکھاتی ہے۔ غرض یہ بات قبول کرنے میں کوئی رُکاوٹ نہیں ہونی چاہیے کہ اردو کی عصری نظم گو شاعرات نے اپنے کلام کو آزاد نظم کی حد تک محدود رکھا اور جن خیالات کی نمائندگی کی وہ تمام خیالات انسان کے جسمانی اور فکری خیالات کے ساتھ ساتھ عصری معاشرے کی دین ہیں اس لیے خواتین نے اُن کے اظہار پر خصوصی توجہ دی اس لیے یہ کہا جائے تو بیجا نہ ہو گا کہ خواتین نے حسن آرائی اور روایتی پیکر تراشی کو نظر انداز کر کے جو نیا لب و لہجہ اپنی شاعری کے لیے استعمال کیا ہے وہ لاثانی اور لاجواب ہی نہیں بلکہ اردو شاعری کی آبرو ہے جس میں نسائی حسّیت کے ساتھ ساتھ احتجاجی لب و لہجے اور عورتوں کی موجودہ معاشرے میں بے حسی کو جگانے کا بہترین عمل ہے اور توقع ہے کہ اس قسم کی نسائی آوازوں کا اعتراف کرتے ہوئے ادبی خدمات کی ضرور ستائش کی جائے گی۔

٭٭٭

جوش ملیح آبادی بحیثیت ترقی پسند شاعر

شیخ میمونہ بخش

ترقی پسند شاعری کا ذکر آتے ہی چند شعراء کے ساتھ جوش ملیح آبادی کا نام سطحِ ذہن پر ابھرتا ہے۔ اور دو حیثیتوں سے اپنی طرف متوجہ کرتا ہے۔ شاعر انقلاب اور شاعر شباب۔ یہ ایک حقیقت ہے کہ اردو میں ترقی پسند تحریک کو آگے بڑھانے میں جوش کا قابل قدر حصہ رہا ہے۔ ترقی پسند تحریک کے ابتداء سے ہی جوش متعلق ہو گئے تھے اور آخر تک نہ صرف یہ کہ اس تحریک کے ساتھ رہے بلکہ اپنی تخلیقات میں ترقی پسندانہ نظریات کو پیش بھی کیا لیکن جب ہم جوش کی شاعری کا جائزہ لیتے ہیں تو ان کے یہاں ہمیں شروع ہی سے وہ موضوعات کارفرما دکھائی دیتے ہیں۔ جو ترقی پسند شعراء کے یہاں خصوصیت کے حامل ہیں۔

جوش ملیح آبادی کی شاعری کا زمانہ 20 ویں صدی سے ہی شروع ہوتا ہے۔ انہوں نے اپنی شاعری کی ابتداء سے ہی اپنی نظموں میں ایسے موضوعات اختیار کرنا شروع کر دیئے تھے جو ترقی پسند تحریک کے آغاز کے بعد اردو شعراء نے اپنی تخلیقات میں پیش کیے۔ یہ تحریک 20 ویں صدی کے ابتداء سے ہی رونما ہونے والی معاشی، سیاسی اور سماجی تبدیلیوں کا نقطہ ارتقاء تھی۔ اس لحاظ سے جوش کی شاعری میں ترقی پسندانہ عناصر کا ملنا تعجب خیز نہیں۔ 1936ء میں لکھنؤ میں جو کانفرنس ہوئی تھی۔ اس میں ادب کی

مقصدیت پر زور دیا گیا۔ سرمایہ دارانہ نظام سے تہذیب و کلچر کو خطرات تھے۔ ان سے ادیبوں کو آگاہ کیا گیا اور بتایا گیا کہ فنکار کا منصب یہ ہونا چاہیے کہ وہ ادب کے ذریعے انسانیت، جمہوریت اور اخوت و مساوات جیسی اقدار کو ترجیح دیں۔

اس تحریک کو ہندوستان کی مختلف زبانوں کے ادیب اور شاعروں کا تعاون حاصل تھا۔ بعد ازاں وہ تمام فنکار تحریک کے مقاصد کے حصول کے لئے سرگرم عمل ہو گئے۔ ترقی پسند تحریک نے اردو ادب پر اپنے گہرے اور ہمہ گیر اثرات چھوڑے اور اردو کے مختلف اصناف ادب اس تحریک سے متاثر ہوئے لیکن خاص طور پر اردو شاعری پر ترقی پسند تحریک کے بہت زیادہ اثرات پڑے اور اس تحریک کے زیر اثر اردو شاعری میں ایک کثیر سرمائے کا اضافہ ہوا۔ شاعروں کی ایک پوری نسل جس میں جوش، مجاز، مخدومؔ، جذبیؔ، علی سردار جعفریؔ فیض احمد فیضؔ، مجروحؔ وغیرہ سامنے آئے۔ ترقی پسند تحریک کے زیر اثر اردو شاعری میں نظم گوئی کو بڑا فروغ حاصل ہوا۔ اس تحریک سے اردو شاعری میں مقصدی اور موضوعاتی نظموں کو اہمیت حاصل ہوئی۔ انقلابی رجحان کے تحت غلامی کے خلاف سامراج کی چال بازیوں اور آزادی کے موضوعات پر بھی بے حساب نظمیں کہی گئیں۔ حقیقت نگاری کے تحت ترقی پسندوں نے اپنی نظموں میں عام انسانی زندگی کی تصویر کشی کے ساتھ ساتھ عام انسانوں کے مسائل اور نچلے غریب طبقے کے دکھ درد، پریشانیوں اور مصیبتوں کی بھی بھرپور ترجمانی کی ہے۔ ترقی پسند تحریک کے زیر اثر اردو شاعری میں محبت اور محبوب کا ایک تقریباً نیا تصور سامنے آیا اور اظہار اور زبان و بیان کے پیرایوں پر بھی اپنے اثرات مرتب کئے۔

اردو شعر و ادب میں ترقی پسندانہ اور انجمن ترقی پسند مصنفین کے اثرات کا جائزہ لیتے ہوئے جب ہم جوش کی شاعری کے موضوعات ان کے انداز بیان اور لب ولہجہ پر

نظر ڈالتے ہیں تو جوش ہمیں کافی اہم دکھائی دیتے ہیں، اس تحریک سے پہلے جوش ملیح آبادی نے اپنی انفرادیت قائم کر لی تھی اور وہ ایک خالص نظم گو کی حیثیت سے معروف ہو چکے تھے۔

جوش کی 1936ء سے قبل کی نظموں سے یہ صاف واضح ہے کہ جو کام پریم چند افسانوی ادب کے ذریعہ انجام دے رہے تھے، جوش نے اپنی شاعری اسے وہی کام انجام دیا۔ جوش کی حقیقت پسندی، مقصدیت اور انقلاب کی نعرہ بندی ان کے اجتہادی ذہن کی دلیل ہے۔ جوش کی قادر الکلامی کا معجزہ تھا۔ انہوں نے غیر شاعرانہ موضوعات کو بڑی خوبی کے ساتھ شاعرانہ بنا دیا۔ جوش کے سرگرم جذبے نے ابتداء ہی سے دنیا اور بالخصوص غلام ہندوستان کے زخموں کو محسوس کر لیا تھا۔ اس لئے ان کی نظموں میں جو تڑپ، سرگرمی، جوش اور جذبہ موجزن ہے، اس کی جھلک ان کے پیش روؤں میں کہیں نہیں ملتی۔ "حالات حاضرہ "شکستِ زنداں کا خواب،" دام فریب "گرمی اور دیہاتی بازار، ہم لوگ وغیرہ قابل ذکر نظمیں ہیں۔ ان نظموں میں جوش نے آزادی، انقلاب، بغاوت اور حقیقت کی بھرپور ترجمانی کی ہے۔ انہیں موضوعات کو ترقی پسند مصنفین نے بہت بعد میں اپنایا تھا۔ "حالات حاضرہ" جو پہلی جنگ عظیم کے زمانے میں لکھی گئی تھی۔ جوش نے ہندوستانی حالات سے عوام کو آگاہ کرتے ہوئے جنگ کے نقصانات بھی بتائے ہیں اور اس کا احساس دلاتے ہوئے کہتے ہیں۔

ہر چیز پر سکوت ہے ہر شئے اداس ہے
ہر حکمراں سے دہر میں دنیا اُداس ہے

--

یہ جنگ کیا ہے ایک مجسم جنوں ہے

گلزارِ کائنات کے شانوں میں خون ہے

ان کی ایک اور نظم "شکستِ زنداں کا خواب" جو کہ 1921ء میں لکھی گئی تھی۔ جوش کی سیاسی اور سماجی سوجھ بوجھ اور عالمی ہمتی کی مثال ہے۔ اس نظم میں جوش نے ہندوستان کو ایک قید خانے کی شکل میں پیش کیا ہے۔ اس قید خانے کے قیدی اب انقلاب برپا کرنے والے ہیں۔ وہ اکھٹے ہونے لگے ہیں، وہ اب قید کی زندگی سے اکتا گئے ہیں اور غصے میں بے قابو ہونے لگے ہیں۔ بادشاہ وقت کا چہرہ ان کی اس کیفیت سے خشک نظر آ رہاہے۔ جوش اس نظم میں خطاب کا انداز اختیار کرتے ہوئے کہتے ہیں۔

کیاان کو خبر تھی ہونٹوں پر جو قُفل لگایا کرتے تھے
ایک روز اسی خاموشی سے ٹپکیں گی دہکتی تقریریں

1928ء میں سائمن کمیشن کی آمد کے موقع پر ایک نظم "دام فریب" لکھ کر اپنے قلبی تاثرات پیش کئے۔ 1931ء میں زنداں کا گیت لکھ کر قفس کی کروٹوں میں طوفان کی آمد کی اطلاع اور آزادی کی شدید خواہش کا کھلا اظہار کیا۔ اس طرح نظم "ہوشیار" میں ملک کے مزدوروں کو سرمایہ داری کے خطرات سے آگاہ کیا۔ نظم 'لمحہ آزادی" میں جو انہوں نے 1931ء میں لکھی تھی غلامی سے اپنی نفرت کا اظہار اس طرح کیا تھا۔

سنو اے ساکنانِ بزم گیتی
صدا کیا آ رہی ہے آسماں سے
کہ آزادی کا ایک لمحہ ہے بہتر
غلامی کی حیات جاوداں سے

ان نظموں میں انقلاب، بغاوت، آزادی، امن اور حقیقت کی تصویر کشی جیسے مضامین ترقی پسند تحریک کے وجود میں آنے سے پہلے ہی نظر آ چکے تھے۔ ترقی پسند

تحریک کے بعد یہ مضامین اور طاقتور ہو کر اُبھرے ہیں۔ ان کی اس دور کی ایک اہم اور مقبول نظم "ایسٹ انڈیا کمپنی کے فرزندوں سے خطاب" کے لیے اگر یہ کہا جائے کہ ترقی پسند ادب کے فن پاروں میں اس سے زیادہ مقبول کوئی اور نظم نہیں ہو سکتی ہے تو غلط نہ ہو گا۔ یہ نظم آج بھی اتنا ہی اثر پڑھنے والے پر طاری کرتی ہے، ملاحظہ ہو۔

کس زباں سے کہہ رہے ہو آج اے سوداگرو!
دہر میں انسانیت کے نام کو اونچا کرو
جب یہاں آئے تھے تم سوداگری کے واسطے
نوعِ انسانی کے مستقبل سے کیا واقف نہ تھے؟

جوش نے اپنے زمانے کے مسائل کو اپنی شاعری میں اس طرح سمو دیا ہے کہ وہ ترقی پسندوں کے پیش رو کی حیثیت کے حامل بن گئے ہیں اور یہی سبب ہے کہ ترقی پسندوں نے اگر کسی کو آخری وقت تک "قبلہ رندانِ جہاں" تسلیم کیا ہے تو وہ صرف جوش ہیں۔ جوش کی باغیانہ اور مجاہدانہ روش اور ان کا انداز کج کلہی اردو شاعری کا سرمایہ افتخار رہے گا۔

***